대박난박약사의
실전투자

대박난박약사의
실전투자

하락장이나 상승장에 상관없이
언제나 최고의 수익률을 올린다!

박종기 지음

🐢 이레미디어

일러두기

예시로 든 종목은 저자의 추천 종목이 아닙니다. 참고만 해주세요.
주식투자는 개인의 결정에 따라 매매하는 것으로 모든 책임은 투자자 본인에게 있습니다.

"실전에 강한 투자자가 되려는 당신에게
이 책을 권합니다."

도전은 언제나 아름답다

1980년 주가지수 100포인트에서 출발한 우리나라 증시가 1997년 IMF 그리고 2008년 서브프라임 등 여러 우여곡절을 모두 이기고 2020년 3월 코로나19로 인한 위기 이후 대망의 3,300포인트 시대를 맞이했습니다. 대박난 박약사 님은 2020년 3월 방향성을 모르던 암울한 위기의 시대에 유튜브를 통해 제약주 바이오주의 강한 상승을 정확히 예측하여 많은 투자자에게 등대 역할을 해주셨습니다.

국민의 건강을 책임지는 약사로서 개개인의 상황에 맞는 처방전과 같은 그의 투자 기법은 입소문을 타고 현재 대박난 박약사 님의 유튜브 구독자 수는 12만 명에 육박합니다.

난무하는 투자 기법, 어렵게만 여겨지던 투자 방법에 대박난 박약사 님은 약국을 운영하면서 틈틈이 스스로 익히고 개선시켜온 기법 등을 정리하여 이 책을 출간하게 되었습니다.

이 책을 읽고 느낀 점은 '바로 이것이구나' 한마디입니다.

캔들과 차트 그리고 거래량, 상황별 매매 방법, 눌림목, 상승VI 매매 방법, 단기 매매법, 요즈음 추세에 맞는 기법 등 개인투자자들이 궁금해하는 투자 노하우를 쉽게 설명하고 있습니다. 그리고 대박주의 상승 전 매집 급소 잡기, 대박이 보이는 차트 소개와 예측 불가능한 시장에서 대박 나는 종목 찾는 법은 실전 투자에서 바로 사용 가능한 기법으로 강력 추천합니다.

국민 건강을 책임지는 약사로서, 더 나아가 개인투자자 주식 잔고의 건강을 책임져주는 재테크 주식 유튜버 대박난 박약사 님의 건승과 아울러서 대박난 박약사 유튜브 구독자들의 우상향하는 주식 잔고를 기원합니다.

언제나 도전은 아름다운 것!

필승입니다, 필승!

주식투자 유튜버 천기노인

시도하지 않으면 변하지 않는다

약사라는 안정적인 직업과 노후가 보장되어 있다면, 대부분의 사람이 인생을 반전시키거나 새로운 일을 시작할 이유가 없다고 생각할 것입니다.

주식투자도 어떻게 보면 마찬가지라고 할 수 있습니다.

안 해도 그만인 데다 또 호기롭게 도전해보지만, 그 과정에서 뼈아픈 결과가 기다리고 있을 때도 있습니다. 하지만 중요한 것은 시도하지 않으면 아무런 변화도 얻을 수 없다는 것입니다.

대박난 박약사는 편안함에 안주하지 않고, 젊은 사람들조차 다소 어렵다고 느낄 수 있을 만한 유튜브 플랫폼을 이리저리 만져가며 어느덧 12만 구독자를 향해 달려가고 있습니다. 그의 채널을 보고 있으면, 같은 주제로 유튜브 채널을 운영하는 나에게 많은 감명을 줍니다.

새해 들어 이번에는 책을 집필하게 되었다는 그의 새로운 시도를 듣게 되었습니다. 지난 몇 년간 그의 행보는 '주린이도 할 수 있다'라는 막연한 응원보다 훨씬 더 현실적이고 강한 메시지를 주는 것 같습니다. 그의 끝나지 않는 인생 3막 도전! 그래서 그의 책이 더 기대됩니다.

그의 유튜브 채널 속, 35년 매매 비결과 진심이 고스란히 담겨 있는 많은 영상이 그러하듯이 이 책도 투자의 길목에서 방황하고 망설이는 누군가에게 '할 수 있다'라는 메시지를 분명히 줄 수 있을 것입니다.

주식투자 유튜버 불사조

개미약사 35년의 노하우,
완전한 주식 처방으로 함께 대박 납시다!

안녕하세요! 유튜브에서 '대박난 박약사'로 활동하고 있는 저자 박종기 약사입니다. 2020년 주식투자 유튜버로 활동하면서 하루에 한 종목씩 연속 5일 동안 상한가로 가는 종목을 소개하여 '대박난 박약사' 유튜브 구독자들에게 큰 수익을 안겨주었습니다. 이에 여의도 증권가에서는 대박난 박약사가 소개한 종목을 매수하기 위하여 사무실에 사이렌 장치를 설치하는 일도 있었습니다.

대한민국에서 주식투자를 하는 모든 분과 제약 분야에 관계되어 있는 많은 분께 꼭 말씀드리고 싶은 이야기가 있어 이 책을 만들게 되었습니다.

전국의 주식투자자 여러분!
세계 최고 투자가 찰스 멍거는 이렇게 말했습니다.

"기회가 눈앞에 나타났을 때 덥석 낚아챌 준비가 되어 있어야 한다."

당신은 그 준비가 되어 있다고 생각하십니까? 이 세상에서 기회라는 것은 그리 오래 머물러 있지 않습니다.

투자는 타이밍입니다.

주식투자는 징말 어려운 것입니다. 때문에 돈 많은 외국인투자자 그리고 호시탐탐 일반투자자의 호주머니를 노리는 특정 세력들은 온갖 방법을 동원하여 자신들의 이익을 위해서 인정사정 볼 것 없이 주식 매매를 일삼아온 것 또한 사실입니다. 저 또한 많은 것을 보고 느끼고 체험했기 때문에 구체적으로 이 책을 통해서 서술하고자 했던 것입니다.

대한민국의 주식투자자 여러분!

왜 주식투자를 하시나요? 틀림없이 돈을 벌기 위해서일 것입니다. 그리고 앞으로 남은 인생에서 보다 나은 삶을 영위하기 위해서일 것입니다.

돈을 벌기 위해 주식투자를 하는 모든 분께 지난 35년간 주식투자를 해온 경험을 바탕으로 개개인의 특성에 맞는 적절한 투자 방법을 찾는 데 도움을 드리고자 이 책을 펴게 되었습니다.

주식투자 방법은 크게 나눠 재무제표를 보고 앞으로의 성장성과 기대가치가 큰 우량한 주식을 장기적으로 보유해서 큰 수익을 내는 가치투자의 방법론이 있습니다. 또 하나는 차트를 보면서 기술적 분석과 방향성을 가지고 매매하는 차트 매매가 있습니다. 차트 매매는 기술적 매매라고 하며 가치투자를 능가하는 수단으로 큰 수익을 낼 수 있습니다.

이에 대한 선택은 투자자 개인의 판단에 따라 결정될 것입니다. 필자는 두 가지 매매 방법 모두가 정답이라고 생각합니다. 하지만 그중 필자는 기술적 분석으로 보는 차트 매매가 큰 수익을 안겨줄 수 있고, 매력적인 투자 방법이라고 생각해 감히 이 책에 그에 대한 방법론을 담았습니다.

35년 동안 주식투자를 하면서 주변에 큰 부자가 되고 성공한 사람들을 보면, 모두 자신만의 차트 매매 방법을 통해서였습니다. 물론 가치투자도 주식투자 방법으로써 좋은 방법임에 틀림이 없지만, 많은 인내와 자본 그리고 시간이 없는 분들은 기술적 차트 매매에 더욱 더 비중을 두라고 말씀드리고 싶습니다.

피 같은 나의 돈을 주식시장에 갖다 버리지 않기 위한 해답을 찾는 분들에게 이 책에서 저의 모든 경험을 말씀드리겠습니다. 그리고 한 말씀 덧붙이자면 분명한 것은 대한민국 증권시장의 성장을 가로막는 복병은 북한이라는 리스크와 공매도 제도라고 생각합니다.

여러분의 깊은 이해와 아낌없는 지도편달로 많은 성원을 해주시면 매우 감사하겠습니다. 그리고 주식투자자 여러분이 주식 고수로 거듭나는 그날까지 저는 유튜브를 통해 늘 곁에서 함께 연구하는 대박난 박약사가 되겠습니다.

대박난 박약사
박종기

Contents

Part 1

대박난 박약사의
실전 매매 기법 처방전 18

Part 2

대박난 박약사의
종목 선정 처방전

대박 나는 종목은 어떻게 선정해야 할까?

Part 3

대박난 박약사의
매매 비법 처방전

대박 나는 주식, 무엇을 어떻게 언제 매매해야 할까?

Part 4

대박난 박약사의
매수·매도 타이밍 처방전

대박 나는 매수·매도 타이밍은 어떻게 잡아야 할까?

Part 1

대박난 박약사의
실전 매매 기법
처방전 18

INVESTMENT TECHNIQUE

실전 투자에 강해지는
종목 선정하는 법

종합주가지수가 4,000포인트가 된다고 해도
당신은 수익을 낼 수 있습니까?

우리나라 주식 종목은 2,000개가 넘는데, 이 중 100종목 이내에서 수익이 난다. 지금 당신의 관심종목을 살펴보자. 혹시 수익을 내기 힘든 1,800~1,900개의 종목을 들고 있지 않는가?

이런 종목만을 보고 있다면 결코 수익을 낼 수 없다.

안 되는 종목을 붙잡고 올라가기만을 기다리지 말자.

그렇다면 수익을 내는 종목은 어떻게 찾을 수 있을까. 어떻게 하면 실전투자에서 강해질 수 있을까. 이 책에서는 실전에서 바로 수익을 낼 수 있는 종목을 선정하는 데 도움이 되는 방법들을 소개하고 있다. 여기서 말하는 방법을 하나만 제대로 적용해도 수익을 낼 수 있을 것이다.

자, 그럼 종목을 선정하는 기준에 대해 살펴보자.

대박난 박약사의 종목 선정 기준

첫째, 주가가 우상향하는 종목을 찾아라. 〈그림 1-1〉처럼 주가가 지속적으로 우상향하는 종목을 먼저 찾는다.

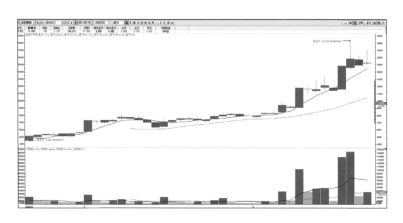

그림 1-1 우상향하는 종목

둘째, 이동평균선이 정배열하는 종목을 찾아라.

셋째, 주가가 우상향하고 이동평균선이 정배열하는 종목이 제일 좋다. 그런 종목을 찾아라(그림 1-2 참고).

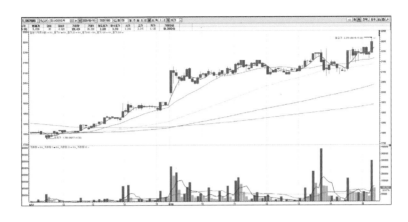

그림 1-2 우상향 정배열

넷째, 하락하던 주가가 저점을 높이는 패턴을 보이는 종목을 찾아라.

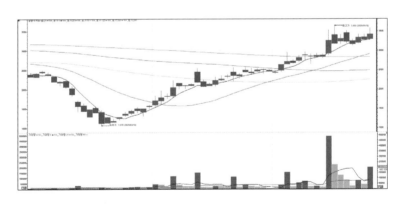

그림 1-3 저점이 높아지는 패턴

다섯째, 거래량의 변화가 꼭 나와야 하는데, 하락하던 주가가 저점을 높이면서 의미 있는 거래량이 나오는 종목이다.

그림 1-4 의미 있는 거래량

주식투자를 시작하기 전, 종목을 선정할 때 이 다섯 가지 기준만 적용해도 성공적인 투자로 이어질 수 있다.

지금 어떤 종목을 관심종목에 넣어두고 있는가?
어떤 종목을 관심종목으로 보고 있는가?

차트를 보면서 이 다섯 가지 기준으로 종목을 선정해보자.

이 외에도 거래량이 100만 주 이상 되는 종목을 선정해야 한다. 하지만 저점이 계속 낮아지는 종목을 선정하면 안 된다. 반드시 저점이 높아지는 종목을 선정해야 한다. 또한 주가가 하락하고 있는 종목은 절대 쳐다보지 말아야 한다.

　대부분의 투자자가 이런 것을 잘 알고 있으면서도 하락하고 있는 종목을 매수하는 경우가 많다. 예를 들어 주가가 1,000원에서 2,000원, 3,000원, 4,000원으로 상승하는 종목을 매매해야 한다. 주가가 5,000원인 종목이 4,000원, 3,000원, 2,000원으로 하락한다면 손절매하거나 상승하고 있는 다른 종목으로 갈아타는 것이 좋다. 고점이 낮아지고 저점이 낮아지는 종목을 매매한다면 돈을 벌지 못한다. 1,000원짜리 주가가 2,000원으로 상승하고 이후 3,000원으로 상승할 때 매수하는 것이다.

　거래소에서 거래되는 2,000개가 넘는 종목 중에서 아무리 강세장이고 상승장이라고 하더라도 이 중 5~10%의 종목에서만 수익이 난다는 것을 알아야 한다. 나머지 90%의 종목에서는 수익을 내기 어렵다.

　성공하는 투자자가 되기 위해서는 5~10%의 수익 나는 종목을 보는 눈을 키워야 한다. 그러기 위해서는 앞에서 설명한 종목을 선정하는 다섯 가지 기준을 명심하면서 차트를 보며 종목을 찾는 눈을 키워야 한다.

　그러면 실전에 바로 적용할 수 있는 수익을 내는 주식 매매 기법에 대해 간략하게 살펴보자.

눌림목 구간에서
매수하자

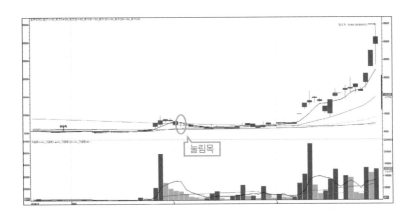

☑ 주가가 상승하다가 떨어질 때의 구간

☑ 음봉 2~3개가 연이어 나온 후 십자형 캔들이 나올 때

☑ 주가가 상승하다가 살짝 하락하면서 거래량이 줄어드는 구간

용어 설명

눌림목   단기 매매에서 주로 사용되는 용어로, 지속적으로 주가가 상승하다
가 한 번 내려갔다 올라가는 구간을 말한다.

분봉 차트에서
음봉으로 떨어질 때는 매수하지 말고,
양봉으로 전환할 때 매수하자

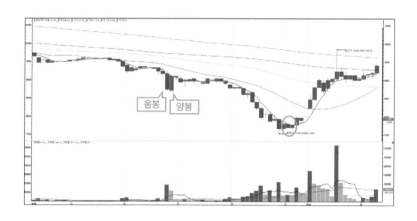

☑ 주가가 하락하고 있을 때 저점은 음봉이 아닌 양봉으로 전환할 때

☑ 이때 반드시 거래량을 함께 확인해야 한다.

☑ 저가를 깨지 않고 거래량이 실린 양봉이 나오면 주가가 상승으로 방향
  을 바꿀 것이라는 신호이다.

용어 설명

양봉(붉은색 막대) 종가가 시가보다 상승할 경우로 주가가 상승했다는 의미이다.

음봉(파란색 막대) 시가보다 종가가 낮게 형성될 경우로 주가가 하락했다는 의미
이다.

5분봉 차트에서 쌍봉일 때는 이전 봉의 고점보다 두 번째 봉의 고점이 높아야 주가가 상승할 수 있다

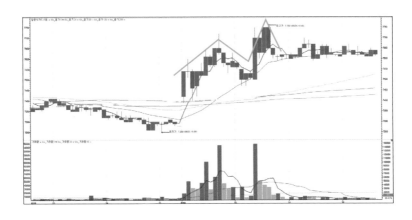

- ☑ 쌍봉일 때 이전 봉우리 고점의 거래량보다 두 번째 봉우리 고점의 거래량이 많아야 주가가 상승할 여력이 있다.
- ☑ 이전 거래량을 능가하지 못하면 주가는 상승하지 못한다.
- ☑ 5분봉 차트에서 쌍봉의 패턴을 보이면 반드시 거래량을 확인해야 한다.

용어 설명

쌍봉 주가가 한 번 상승했다가 조금 하락한 후 다시 상승하면서 봉우리를 두 개 만드는 것.

5일 이상 양봉으로 가던 주가가 음봉이 나오면 매도한다

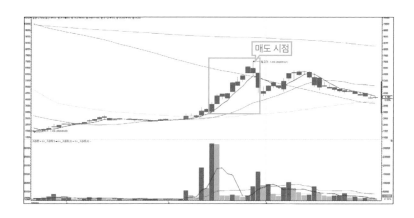

☑ 일봉에서 주가가 상승하면서 5일 이상 양봉이 나오다가 음봉이 나온다면 주가가 하락한다는 신호이다. 음봉이 나오는 그날 매도한다.

모든 이동평균선이 정배열된 상태에서의
삼각형 급등 패턴을 찾아라

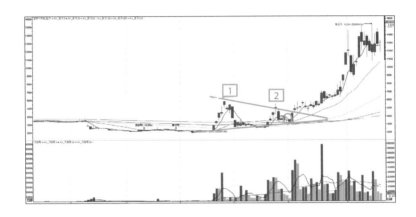

☑ 1번 고점보다 2번 고점이 낮아지면서 다시 한번 하락하다가 상승으로
반전하는 순간이 강력한 매수 포인트.

☑ 이런 삼각형 패턴을 만드는 종목이 급등하는 경우가 많다.
이때 모든 이동평균선은 정배열 상태이어야 한다.

용어 설명

상승 삼각형 패턴 주가의 고점은 그대로이고 저점이 높아지면서 수렴되는 구간이
있는데, 거래량은 수렴되는 구간에 가까워질수록 줄어든다. 삼
각형 패턴으로는 상승삼각형, 대칭삼각형, 하락삼각형이 있다.

일봉 차트에서 양봉의 길이가 크게 많이 나오는 종목을 선정한다

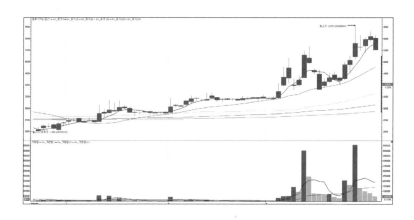

☑ 일봉 차트에서 한 달 동안의 기간을 보면서 양봉의 길이가 크게 많이 나온 종목을 선정한다.

☑ 이때는 스캘핑이나 단타 매매로 접근하는 것이 좋다.

용어 설명

스캘핑　　　주식이나 선물시장에서 하루에도 수십 번, 수백 번 이상 분·초 단위로 거래를 하며 단기 차익을 얻기 위한 기법으로 초단타 매매라고도 한다.

고점에서 꺾이는 종목은 그날
매매하지 않는다

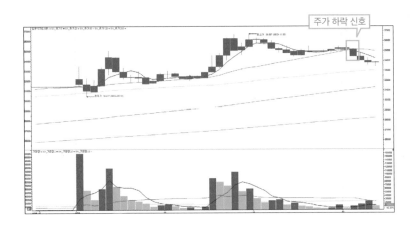

☑ 5분봉 차트에서 20일 이동평균선 아래로 주가가 하락하면 이때부터 매
   매하지 않는다.

☑ 이런 패턴에서는 십자 모양 캔들에 유혹되지 말자.

☑ 한 번 꺾인 종목은 매매하지 말자.

저점이 계속 높아지는 종목을 매매한다

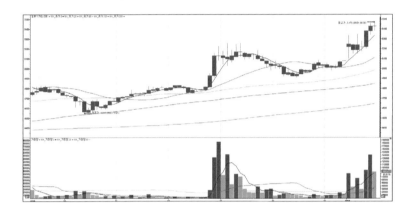

☑ 저점이 깨지지 않고 계속해서 높아진다면 보유한다.

☑ 하지만 저점이 깨지며 20일 이동평균선 아래로 떨어질 때 매도한다.

수직으로 상승하는 종목은
매수를 자제한다

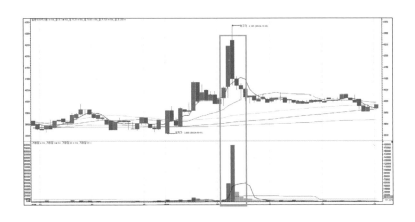

☑ 갑자기 수직으로 상승하는 종목은 매수를 자제하는 것이 좋다.

☑ 대량 거래가 실리면서 아래꼬리가 달린 장대양봉은 세력이 매수한 것
이다.

☑ 이후 거래량이 쭉 빠지며 장대음봉이 나오면 주가는 하락한다.

시초가가 갭 상승한 후
양봉으로 서는 종목

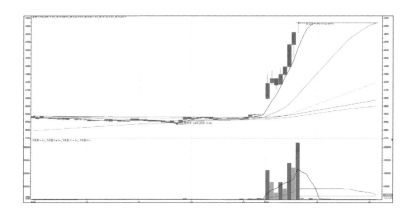

☑ 거래량이 300% 이상 상승한 종목 중 5분봉 차트에서 시초가가 갭 상승
하여 양봉으로 시작하는 종목을 고른다.

☑ 저점이 높아지며 계단식으로 상승하는 경우 단기 매매로 대응하는 것
이 좋다.

용어 설명

시초가	증권 시장에서 당일 최초로 결정되는 주가를 말한다.
갭	봉 차트에서 주가가 어느 특정일에 갑자기 폭등하거나 폭락함으로써 주가와 주가 사이에 빈 공간이 나타나는데, 이 빈 공간을 갭이라고 한다.

웅크리고 있는
음봉

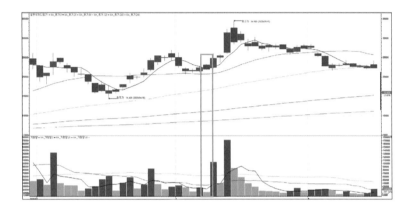

☑ 5일 이동평균선을 타고 상승하다 잠시 하락한 후 거래량이 실린 양봉
  이 나온다.

☑ 이후 거래량이 빠지며 음봉이 나오는데, 이때 이 음봉은 힘을 모으기 위
  해 웅크리고 있는 것으로 상승의 신호이다.

5일 이동평균선 위에 캔들이 매달려 있는 패턴

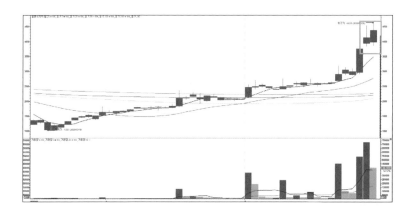

- ☑ 상승 트렌드에 있는 경우 5일 이동평균선을 타고 캔들이 대롱대롱 매달려 있는 패턴은 주의 깊게 살펴본다.
- ☑ 이때 거래량이 어느 정도 유지되어야 한다.

둥둥섬을 찾아라

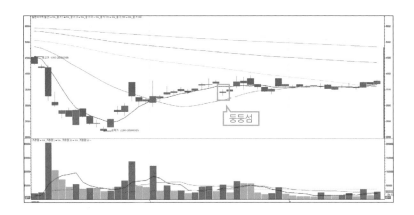

둥둥섬

- ☑ 주가가 하락해서 다른 캔들에서 뚝 떨어진 캔들이 나오는데 이것이 둥둥섬이다.
- ☑ 이런 모양이 나타나면 주가가 상승한다는 신호이다.

20일 이동평균선 부근에서 시초가가 높게 형성되는 종목을 찾아라

☑ 하락 국면으로 접어들면서 음봉이 나온다.

☑ 이후 횡보하다가 20일 이동평균선 부근에서 시초가 높게 형성된 음봉이 나온다.

☑ 이때 거래량은 적을수록 좋다.

거래량이 줄어든 음봉 매미형이 나오면
매수 포인트

☑ 대량 거래가 실린 양봉이 나온 후 거래량이 줄어들며 음봉으로 매미처
  럼 붙어 있는 패턴이 나오면 주가의 상승 신호로 볼 수 있다.
☑ 매미형 음봉이 나왔을 때 매수로 대응하면 좋다.

거래량이 실린 장대양봉이 나오면
상승 신호

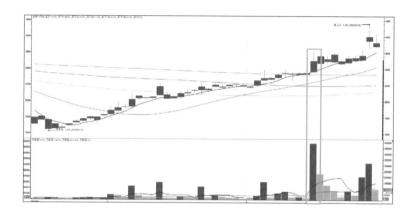

☑ 거래량이 실린 장대양봉이 나타나는 것은 주가를 상승으로 이끄는 요인이다.

☑ 이때에도 거래량을 꼭 확인해야 한다. 바닥이던 거래량에서 의미 있는 거래량이 실려야 주가가 상승할 수 있는 힘이 있는 것이다.

용어 설명

장대양봉 몸통이 큰 봉의 형태를 말하며, 매수세가 매도세에 비해 월등히 강할 때 장대양봉이 나타난다. 바닥권에서 장대양봉이 출현할 때는 상승 전환, 고점에서 장대양봉이 출현하면 하락한다고 예측할 수 있다.

20일 이동평균선을 돌파하며 거래량이 실리면 상승 신호

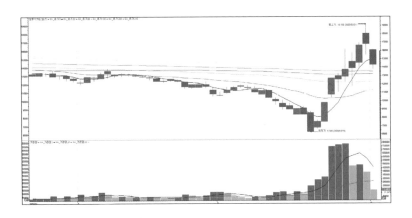

- ☑ 20일 이동평균선을 타고 저점에서 거래량이 증가하면서 양봉이 나올 경우 관심 있게 봐야 한다.
- ☑ 20일 이동평균선을 돌파하면서 거래량이 실리면 주가가 상승할 수 있는 힘이 있는 것이다.
- ☑ 하지만 거래량이 줄어들며 음봉이 나왔다는 것은 힘이 소진된 것으로 볼 수 있다.

거래량이 빠진 십자 모양
캔들이 나오면 상승 신호

☑ 거래량이 빠진 십자 모양 음봉이 나올 때는 주의 깊게 살펴봐야 한다.

☑ 이후 거래량이 실린 양봉이 나오며 주가가 상승하고 있다.

☑ 십자 모양 캔들은 주가 상승을 이끄는 중요한 신호이다.

용어 설명

십자형 캔들　시초가와 종가가 같은 경우에 형성되는 것으로 추세가 반전한다는 신
호로 볼 수 있다.

대박난 박약사가 말하는
실전에서 강해지는
주식투자 비법

Q. 유튜브 방송을 시작하게 된 계기는 무엇인가요? 그동안 주식투자를 하면서 어떤 일들을 경험하셨는지 궁금합니다.

1980년대부터 주식투자를 시작했는데, 당시에는 억대의 자금을 운용하기도 했죠. 그 과정에서 수천만 원을 잃기도 하고, 수천만 원을 벌기도 했습니다. 지금도 변함없는 생각은 주식은 무섭다는 것입니다. 그래서 함부로 주식시장에 뛰어들었다가는 패가망신할 수도 있습니다.

개미투자자들이 시장에서 성공하기란 매우 어렵습니다. 때문에 그동안의 주식투자 경력을 바탕으로 일반투자자들이 손실을 보지 않는 투자를 할 수 있도록 도움을 드리고자 유튜브 방송을 시작하게 되었습니다.

제가 유튜브를 시작한 이유는 준비도 안 되어 있고, 마구잡이로 뛰어들어 큰 손실을 보는 일반투자자들에게 주식시장에서 살아남는 법을 같이 논의해보자는 취지였습니다.

Q. 약사 일을 하면서 주식투자를 한다는 게 특이한데요. 어떻게 주식 공부를 하셨나요?

약국을 운영하면서 틈틈이 공부했습니다. 옛날에는 주식 책도 많지 않았고, 강의도 없었죠. 그래서 직접 투자를 하면서 경험과 노하우를 쌓았습니다.

Q. 주식투자 경력은 얼마나 되셨나요?

주식투자를 한 지는 35년 정도 되었습니다. 1980년대에 주식투자를 많이 했죠. 당시에는 하락장과 상승장도 그리 크게 나타나지 않았는데요. 당시 억대 단위로 투자를 했었죠. 많은 수익을 거둘 때도 있었고, 크게 손해를 보기도 했습니다. 이런 저의 경험이 지금 주식투자로 손해를 보고 있는 투자자들에게 도움이 될 것이라고 생각했습니다. 제 방법이 100퍼센트 수익을 거둘 수 있다고 말씀드릴 수는 없지만, 성공 투자로 가는 길에 도움이 될 것이라고 생각합니다.

Q. 초보자들은 주식투자를 어떻게 해야 할까요?

주식투자를 잘하려면 어느 정도 전문가가 되어야 합니다. 전문가가 되지 않으면 주식투자로 돈을 번다는 것은 쉬운 일이 아니에요. 주식투자의 감을 익히려면 경험이 필요합니다. 최소 6개월 정도 모의

투자를 하면서 주식시장의 생리를 알아야 합니다. 저기에 사서 고가에 파는 것이 주식투자의 기본 원칙이잖아요. 하지만 이 하나의 원칙만 가지고 접근해서는 안 됩니다. 일단 책을 보면서 차트를 보는 법, 기본 용어 등 기초 지식을 쌓아야 합니다.

주식은 살아 있는 생물과 같습니다. 하루에도 수십, 수백, 수천 번 변하는 곳이 주식시장입니다. 책을 보고, 강의를 들으며 기초 지식을 쌓았다면 시초가 매매나 종가 매매, 종합주가지수는 어떻게 형성되는지 등에 대해 터득해야 합니다.

모의투자를 하면서 경험을 쌓은 후 기본기를 탄탄히 해야 자신만의 원칙을 만들 수 있습니다.

Q. 돈을 벌 수 있는 매수의 적기는 언제일까요?

주식투자를 할 때 매수/매도가 정말 중요합니다. 일반투자자는 주식을 아무 때나 매수해서는 절대 승산이 없습니다. 예를 들어 종합주가지수가 2,500포인트라고 할 때 반 토막이 났을 때의 시점, 즉 1,250포인트 아래로 떨어졌을 때가 매수 타이밍입니다.

모든 종목에 다 적용되는 것은 아닙니다. 하지만 종합주가지수로 봤을 때 일반투자자가 성공할 확률은 반 토막이 났을 때 주식을 매수한 후 최소한 3~5년 정도 기다린다는 집념과 각오가 있어야만 성공할 수 있다고 생각합니다.

단기 매매나 짧은 소견으로 주식투자를 하는 것은 절대 금물입니다. 1,200포인트를 향해서 내려갈 때 1,300~1,400포인트 정도에서 작업을 준비했다가 1,250포인트 아래로 떨어졌을 때 주식을 매수하는 것입니다. 하지만 주식은 횡보기간이 있습니다. 짧게는 1개월, 길게는 1년, 보통 6개월 정도의 횡보기간을 이용해서 스스로 매수 타이밍을 잡는 법을 익혀야 합니다.

1,250포인트 아래로 떨어졌을 때 매수 시점을 잡아놓고 상위 1~100위 중에서 3종목을 압축해서 포트폴리오를 구성한 후 3~5년 정도 기다린다면 성공의 길이 보일 것입니다. 핵심은 이것입니다.

1,600포인트나 1,700포인트대에서 매수해서 2,200포인트로 간다고 해도 일반투자자들은 큰 수익을 거두지 못합니다. 이런 기회를 놓치지 않고 잡을 수 있도록 개인투자자들은 철저히 준비해야 합니다.

Q. 주식투자를 잘하는 특별한 방법이 있을까요?

주식은 말도 많고 탈도 많습니다. 또 주식투자를 잘하는 사람도 있고, 해서는 안 되는 사람도 있습니다. 중요한 것은 매수 타이밍입니다. 즉 때를 기다려서 주식을 매수해야 한다는 것입니다. 주식은 정말 무서운 것입니다. 저 역시도 크게 돈을 벌어보기도 했고, 크게 돈을 잃어보기도 했습니다. 저의 이런 경험으로 매수/매도 시점에 대한 노하우를 알려드리려고 합니다.

Q. 박약사 님의 주식 매수 포인트에 대해 설명해주세요.

기술적 분석이나 차트 분석을 통해 매수 시점을 찾을 수 있습니다.

저는 종합주가지수를 보면서 1,250포인트 아래로 떨어져 2~3개월 옆으로 횡보할 때, 코스피 1~100위까지의 종목 중에서 3가지로 압축해서 포트폴리오를 구성합니다. 그리고 인내하면서 기다린다면 잃지 않는 투자가 가능하다고 생각합니다.

Q. 그럼 주식의 매도 포인트에 대해서도 설명해주세요.

예를 들어 1,200포인트 아래에서 주식을 매수했습니다. 그런데 일반투자자들은 1,500포인트 정도 오르면 팔아버립니다. 이때 주식을 매도하면 안 됩니다. 상승 트렌드일 때는 꼭짓점, 즉 거래량이 엄청나게 터졌을 때를 기다려야 합니다. 그리고 꼭짓점에서 10% 정도 빠졌을 때 매도하는 겁니다. 즉 2,500포인트에서 꼭짓점을 형성했다면 10% 정도 빠진 2,200포인트가 되었을 때 매도하는 것입니다. 때를 기다리는 사람이 승리할 수 있습니다.

Q. 종합주가지수를 보면 10년 전이나 현재나 동일한데요. 그 이유는 무엇일까요?

저의 짧은 소견으로는 공매도 때문에 주가가 많이 오르지 못하는 것 같습니다.

Q. 공매도라는 것이 무엇인가요?

공매도는 자기가 주식을 갖고 있지 않으면서 주식을 빌려서 매도하는 것입니다. 주가가 5만 원이 됐다면 5만 원에 매도하는 것이고, 주가가 3만 원으로 떨어지면 3만 원에 되갚으면 되는 것입니다. 즉 주식을 빌려서 매도하는 것으로 주가의 하락으로 차익을 보는 거죠. 이런 공매도는 일반투자자는 할 수 없어요. 외국인투자자나 기관투자자가 공매도를 하는데, 주식이 하락하면 돈을 버는 구조잖아요? 주가를 하락시킬 수 있는 능력을 가진 사람들이 공매도를 하는 겁니다. 제 생각에 공매도 때문에 종합주가지수가 3,000포인트 이상이나 4,000포인트까지 못 가는 것이라고 생각합니다. 공매도의 타깃이 되는 종목들을 보면 대형주나 지수 관련주인데, 공매도 때문에 주가지수가 하락하는 것입니다. 이를 통해 엄청난 수익을 챙기죠.

Q. 공매도를 빨리 없애야겠네요. 그런데 왜 공매도를 없애지 못하는 건가요?

공매도가 없어지면 외국인투자자가 떠나게 되기 때문이죠. 물론 공매도에도 순기능이 있어요. 너무 과열돼서 폭등하는 것을 방지하는 기능이죠. 하지만 우리나라 종합주가지수가 폭등해서 문제가 됐던 적은 없습니다.

Q. 종목을 선정하는 기준에 대해 말씀해주세요.

지금 시점에서 종목을 고른다면 지금부터 상승할 주식을 골라야 합니다. 주식은 계단식으로 올라가지만 내려갈 때는 쭉 내려갑니다. 올라가다가 쭉 떨어질 때의 구간을 눌림목이라고 하는데, 이 눌림목에서 기회를 잡아야 합니다. 눌림목을 주고 주가는 상승하기든요. 또한 주식에서는 손절매도 중요합니다.

Q. 손절매에도 타이밍이 있나요?

네, 그렇습니다. '매수는 기술이고, 매도는 예술'이라는 말이 있잖아요? 주식투자자들 대부분은 너무 큰 욕심을 부립니다. 1만 원에 매수한 주식이 3만 원이 되도 매도하지 않는 사람들이 있어요. 반면에 1만 원에 매수한 주식이 1만 1,000원이 되면 매도하는 사람도 있어요. 기준은 하락 추세에서 손절매해야 한다는 것입니다. 그리고 주가가 5일 이동평균선이나 20일 이동평균선을 깨면 손절매하는 방법도 있어요.

솔직히 손절매에는 어떤 법칙은 없다고 생각합니다. 하지만 초창기에 주가가 떨어진다는 생각이 들면 단호하게 손절매하는 것이 좋습니다. 주가가 올라가다가 어느 시점이 되면 매도하라는 신호를 보냅니다. 그때는 과감히 손절매해야 합니다. 하수와 고수의 차이는 손절매를 잘하느냐 못 하느냐의 차이라고 생각합니다.

Q. 주식투자에서 실패했던 경험이 있으신가요?

네, 수십 년 전에 부도도 맞아봤습니다. 옛날에 동아건설 주식을 사놓고 외국에 나가 있는 바람에 그 소식을 접하지 못했어요. 회사는 부도 처리되었고, 주식은 휴짓조각이 되어버렸죠. 저의 쓰라린 경험 중 하나인데, 그때 '우량한 종목을 사야 한다'라는 생각을 하게 되었죠. 장기 투자하는 분들은 기업의 오너에 대해서도 파악해야 합니다. 그리고 주식은 한 종목에 올인해서는 안 됩니다. 성장성 있는 종목으로 포트폴리오를 구성하고 분산투자하는 것이 좋습니다. 저는 제약, 건설, 증권, 제조업, 반도체 중 대표기업을 골라서 투자합니다. '계란을 한 바구니에 담지 마라'는 말처럼 분산투자를 해야 합니다.

Q. 마지막 꿈은 무엇인가요?

꿈이라고 하기에는 거창하지만, '대박난 박약사'라는 사람이 일반 투자자들에게 도움이 되는 사람이라는 평가를 받고 싶습니다. 주식 투자를 시작하기 전에 철저히 준비해야 하고, 많은 노력을 해야 합니다. 자신의 재산을 지키기 위해 최선을 다해야 하고, 준비가 되기 전에는 주식시장에 무작정 뛰어들어서는 안 됩니다. 이는 전쟁터에 총도 없이 나가는 것과 같습니다.

Part 2

대박난 박약사의
종목 선정 처방전

대박 나는 종목은 어떻게 선정해야 할까?

INVESTMENT TECHNIQUE

1분 안에 HTS로
기업평가하기

HTS Home Trading System는 가정이나 직장에서 컴퓨터를 이용해 주식을 매매할 수 있는 프로그램이다. 주식투자자라면 매일 이 HTS를 이용한다. HTS로 1분 만에 기업을 평가할 수 있는 팁을 소개한다. 기업분석 매매에서 꼭 봐야 할 사항도 확인해보자.

내부자 거래 내역 확인하기

신풍제약을 예로 들어보자. 〈그림 2-1〉를 보면 내부자 거래 추이를 확인할 수 있다. 공시 내용을 확인해야 알 수 있는 내부자 거래 내역을 이처럼 HTS에서 간단히 확인할 수 있다.

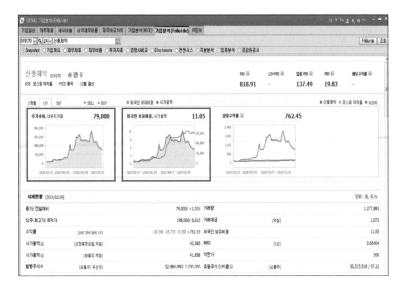

그림 2-1 HTS 기업분석

기업의 내부자는 경영활동에 관한 정보를 직접적으로 다루기 때문에 기업의 현재 상황을 파악하는 데 있어 외부 투자자들보다 유리한 위치에 있다고 볼 수 있다. 화면을 보면 내부자가 매수/매도한 일자와 가격대를 한눈에 파악할 수 있다.

내부자 거래 현황을 볼 때 해당 기업의 대주주와 임원이 주식을 매수하는 것이 더 신뢰도가 높은 것이다. 그리고 고점에서 대주주와 임원의 매도 물량이 나오는 것은 좋지 않은 신호일 수 있다.

시가총액 확인하기

시가총액은 시장에서 해당 기업이 인정받고 있는 가격대를 말하는 것이다. 즉 시가총액만큼 자금이 있다면 그 기업의 지분을 100% 살 수 있다. 또한 시가총액이 더 큰 종목이 주식시장에서 더 큰 가치를 인정받고 있다는 뜻이다. 이 시가총액은 현재가 창을 보면 확인할 수 있다.

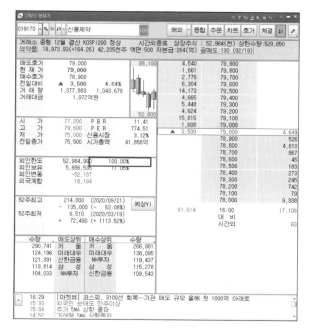

그림 2-2 현재가창_시가총액

외국인 보유 비중을 확인하기

〈그림 2-1〉의 기업분석 그림을 보면 외국인 보유비중을 확인할 수 있다. 어느 종목을 보면 외국인 보유비중이 올라가는 것이 있고, 떨어지는 것이 있는데, 이를 통해 향후 주가 흐름을 예측해볼 수 있다.

이 세 가지를 보면 기업에 대해 어느 정도 평가할 수 있다. 그 밖에도 재무구조라든가 이익률, 수익률, 매출액 등은 기본적으로 봐야하지만 무엇보다 주력 제품이 무엇인지, 현재 이슈가 무엇인지도 확인해야 한다. 그리고 해당 기업의 부문별 시장점유율도 파악해두는 것이 좋다.

차트를 보면서 종목을 선정을 한다면 4~5년 치의 차트를 한눈에 보면서 큰 그림으로 흐름을 파악해보는 것이 좋다.

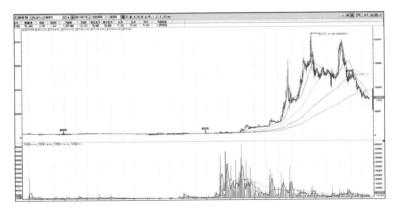

그림 2-3 신풍제약_4년 치 차트

〈그림 2-3〉의 4~5년 동안의 신풍제약 차트를 보면 횡보하다가 상승하는 모습을 볼 수 있다. 위에 매물대가 없는 종목은 외봉으로 떨어지지 않고 조정을 받다가 쌍봉이나 쓰리봉을 치고 하락하는데, 이때를 매도 시점으로 잡는 것이 좋다.

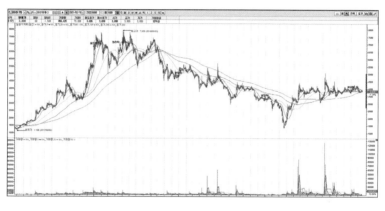

그림 2-4 대한광통신

대한광통신 5년 동안의 차트를 보면 알 수 있듯이 주가는 외봉으로 떨어지지 않고 쌍봉이나 쓰리봉을 만든 후 하락하는 것을 볼 수 있다.

4~5년 치의 차트를 보면서 재상승의 패턴 또한 확인해볼 수 있다. 상승할 때도 바로 상승하지 않고 조정을 받으면서 상승하기 때문에 큰 그림으로 차트를 보면서 이후 주가의 방향을 가늠해보는 것이 좋다.

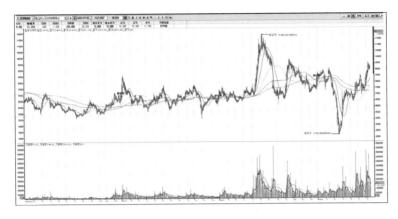

그림 2-5 다산네트웍스_ 4년 치

단, 〈그림 2-5〉와 같은 흐름을 보이는 종목은 가급적 피하는 것이 좋다. 상승하다 하락하는 폭도 좁고 엄청난 매물대를 형성하고 있기 때문에 장기적으로 상승하는 데는 어려움이 있다.

주식이라는 것은 꼭 가야 할 자리에서 가야 한다. 즉 거래량이 실리면서 상승해야 한다. 그렇지 않고 음봉으로 하락하는 시점에서 결단력을 가지고 매매를 중지하거나 손절매하는 것이 좋다.

대박을 향하는
종목의 특징

35년 동안 차트 매매를 해본 경험으로 코스닥이나 거래소에서 강한 시세를 분출하려는 종목들을 매매해야 큰 수익을 거둘 수 있다. 거래소의 중형주에서 과대한 낙폭을 보이며 몇 년 동안 소외받았던 종목들 중 재무구조가 튼튼한 회사를 찾아 유심히 살펴보자. 그중에서 큰 시세를 분출하는 종목은 분명 있다.

이렇게 잠시 숨고르기를 하고 있는 종목들 중에서 상한가로 가는 경우가 있는데, 차트를 보면서 상한가로 가는 종목의 특징을 살펴보도록 하자.

웅크리고 있는 캔들

주가가 상승하는 힘을 모으기 위해 작은 음봉으로 웅크리고 있는 모양이 나온다. 상승 트렌드에 있는 주가가 살짝 하락하면서 거래량이 빠진 음봉이 나오면 주목해서 봐야 한다. 이때 거래량이 약간 실린 양봉이 나온 후 거래량이 빠진 음봉의 모양새가 나와야 한다.

그림 2-6 랩지노믹스

랩지노믹스는 유전자 검사를 하는 회사로 차트를 보면 상승하는 모양새를 보이고 있다. 상승하는 패턴을 보면 거래량이 실린 양봉이 나오면서 주가의 상승을 이끌고 있다. 여기서 중점을 두고 봐야 할 것은 상승하다 살짝 하락하면서 음봉이 나타나는데, 이때 음봉은 하락을 이끄는 것이 아니라 좀 더 상승하기 위해 잠시 웅크리고 있는 것이다. 이처럼 주가가 뛸 때는 5일 이동평균선을 타고 양봉을 한 번

낸 후 웅크리고 있는 음봉이 나온다.

상한가로 직행했던 종목이나 급등하려는 종목의 차트 패턴을
보면 폭풍전야처럼 작은 거래량으로 웅크리고 있는 캔들의 모습을
볼 수 있다. 이런 패턴을 보이는 종목은 상한가로 갈 수 있는 확률
이 높다.

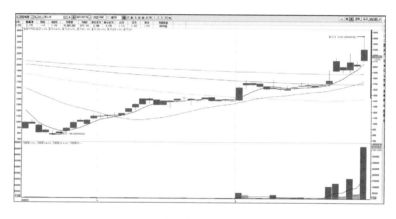

그림 2-7 쎄노텍

쎄노텍 차트를 보면, 엄청난 거래량이 터지고 있다.

이 종목도 거래량이 실린 양봉이 나온 후 주가가 살짝 하락하면서
웅크리고 있는 음봉이 나온다. 이후 거래량이 실린 양봉이 나오면서
주가의 상승을 이끌고 있는 것을 볼 수 있다. 즉 이 웅크리고 있는 모
양새, 상승 트렌드에서 웅크리고 있는 모양새를 유심히 봐야 한다.

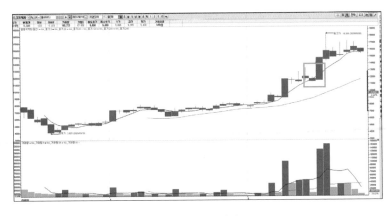

그림 2-8 플레이디

　플레이디 차트를 보면 대량 거래가 이뤄진 후 상한가로 갔다가 조정을 받았다. 이후 거래량이 살짝 빠지는 음봉이 나오며 숨고르기를 한 후 다음 날 다시 상한가로 가는 모습을 볼 수 있다.

　지금까지 살펴본 것처럼 상승 트렌드에 있는 종목에서 주가가 상승하다가 살짝 하락하면서 음봉으로 웅크리며 숨고르기를 하는 패턴을 유심히 살펴보자. 이후 거래량이 실린 양봉이 나온다면 주가는 상승하는 힘이 있다고 볼 수 있다.

5일 이동평균선 위로 캔들이 매달려 있는 패턴

　〈그림 2-9〉의 티플랙스 차트를 보면 거래량이 4,400만 주로 엄청난 거래량이 터졌다.

그림 2-9 티플랙스

    거래량이 많다는 것은 그만큼 큰돈이 들어왔다는 것을 의미한다. 차트를 보면 대량 거래량이 실린 후 살짝 조정을 받다가 다음 날 상한가로 갔다.

    티플랙스 차트에서 보는 것처럼 상향 트렌드에서 5일 이동평균선을 타고 대롱대롱 캔들이 매달려 있는 패턴은 유심히 잘 살펴봐야 한다.

    하지만 이후 위에서 거래량이 줄어들면 주가가 하락 국면에 접어든다고 봐야 한다. 이때 주가가 계속해서 상승하려면 반드시 거래량이 어느 정도 유지되어야 한다.

대박나는 삼각형 급등 패턴

대박 나는 종목을 찾을 때 이 삼각형 급등 패턴을 잘 살펴봐야 한다. 이런 패턴에서 크게 시세가 분출된다. 이 유형의 차트를 꼭 찾아서 투자한다면 큰 수익을 낼 수 있다. 먼저 그림을 보자.

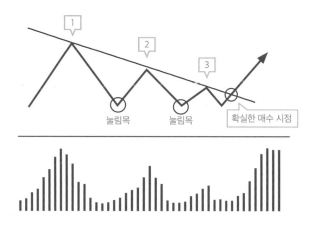

그림 2-10 삼각형 급등 패턴

모든 이평선이 정배열된 상태에서 주가가 급등락을 반복하면서 1번보다 2번이 약간 낮고 3번이 더 낮아지면서 다시 한번 하락하다가 상승으로 반전하는 순간이 확실한 매수 시점이다. 이런 삼각형 패턴이 만들어지는 종목이 급등하는 경우가 많다.

그럼 차트를 보면서 이 삼각형 급등 패턴을 찾아보자.

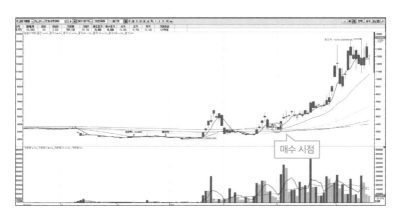

그림 2-11 삼각형 급등 패턴_ 진원생명과학

〈그림 2-11〉의 차트에서처럼 모든 이동평균선을 뚫고 주가가 오르는 종목을 선정하는 것이 좋다.

그림 2-12 삼각형 급등 패턴 2_ 바디텍메드

〈그림 2-12〉 바디텍메드의 차트에 추세선을 그려보면 처음 산보다 두 번째 산이 낮아지면서 이후 급등하는 모습을 볼 수 있다. 이렇게 산을 만드는 종목들은 유심히 살펴볼 필요가 있다.

또한 첫 번째 산을 이루고 모든 이평선 위로 주가가 배열되어 있으면 급등하는 종목으로 주의 깊게 살펴봐야 한다.

역헤드앤드숄더형

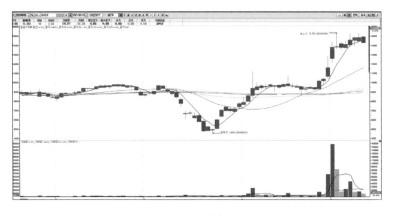

그림 2-13 파세코

파세코의 차트에서 볼 수 있는 것처럼 역헤드앤드숄더형은 상승 반전형 패턴으로 볼 수 있다. 역헤드앤드숄더 유형이 나타나면 주가가 바닥을 쳤다는 신호이며, 목선을 돌파하면 상승 랠리가 이어지는 경우가 많다. 반대로 헤드앤드숄더형은 주가가 상승세에서 하락세로 전환될 때 주로 나타난다.

상승 파동의 유형

주식의 파동이라는 것은 일률적으로 정해진 것은 없다. 하지만 모든 투자자들이 공통적으로 알고 있는 엘리어트 파동이 있다. 주가는 연속적인 파동에 의해 상승하고 하락하는 상승 5파와 하락 3파의 사이클이 반복된다는 것이다. 주식투자를 할 때 이 정도의 파동 모델은 알아두는 것이 좋다. 이외에도 파동의 모형은 여러 가지가 존재하는데 이런 파동의 모형을 머릿속에 그리면서 투자에 임하는 것이 좋다.

계단형

깃발형

상승 페넌트형

상승 삼각형

역헤드핸드숄더형

이중 바닥형

주의해야 하는 캔들 패턴

상승 트렌드에 있다고 해도 다음과 같은 패턴을 보인다면 주의해야 한다.

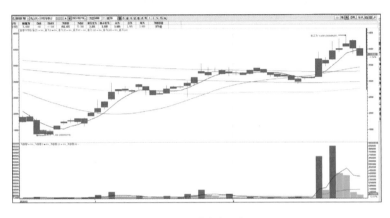

그림 2-14 대한광통신

대한광통신 차트를 보면 거래량이 확 줄어들면서 5일 이동평균선을 깨고 음봉이 나왔다. 이런 패턴은 단기 매도 시세라고 봐야 한다. 음봉이 났다고 해서 잡아두려고 해서는 안 된다. 이후 십자가나 양봉이 나오는 시점에 매수 기회를 잡아볼 수 있다.

주식이라는 건 참으로 어렵다. 때문에 차트를 분석해서 매수/매도 시점을 잡고 어떻게 매매해야 하는지 결정해야 한다. 하지만 코스닥에서 세 배, 네 배 신고가를 뚫고 가면서 너무 급등하는 종목은 따라가지 말고 수익 실현을 하는 것이 좋다. 2~3만 원인 주가가 하락하다가 7~8만 원까지 상승한다고 해서 따라 들어가면 큰코다칠 수 있다. 이런 종목은 어느 날 갑자기 하락하는 경우가 있기 때문이다. 밑에서 거래량이 터지면서 주가를 상승으로 이끄는 힘이 있는 종목을 찾아 매매해야 수익을 거둘 수 있다.

상한가에 진입한 종목을 매수해도 될까

상한가 따라잡기는 쉽지 않다. 오전에 상한가에 진입한 후 물량이 줄어들지 않고 장 마감 때까지 상한가를 유지했다면 다음 날 시초가에서 7~10% 이상은 갭 상승을 해야 한다.

그렇지 않은 종목은 그날 상승할 때 매도하는 것이 좋고, 30% 상승하여 상한가가 됐는데 다음 날 10% 상승했다면 40%의 수익이 된다. 하지만 2일 동안 40%의 수익이라면 그날 매도하는 것이 좋다. 그리고 두 번 이상 상한가가 풀리는 종목은 바로 매도하는 것이 좋다.

진짜 상한가와 가짜 상한가를 구분하는 방법

진짜 상한가로 들어가는 종목은 아침 시초가가 갭 상승하는 경우가 많다. 갭 상승하지 않는 종목은 상한가에 진입했다고 해도 바로 하락한다. 또한 분봉 차트를 봤을 때 양봉일 때의 거래량이 음봉일 때의 거래량보다 5배 이상 많아야 한다. 즉 양봉으로 상승할 때 대량 거래가 실려야 한다. 그리고 상한가로 가기 위해 25% 이상 상승하고 나머지 5%가 남았을 때 거래되는 물량이 적은 경우가 있다. 다음 날 시초가 1~2% 정도 상승하고 끝날 수도 있기 때문에 이런 종목은 조심해야 한다.

이동평균선이
수렴할 때를 잡아라!

기술적 분석이란 주식시장을 분석하고 앞으로의 전망을 내다보는 기법으로, 차트를 보면서 주식의 가격이나 거래량 등을 예측하는 것이다. 이때 기초가 되는 것이 '이동평균선'과 '거래량'이다.

이동평균선이란 주가 움직임의 평균값을 매긴 선이라고 할 수 있다. 대표적인 이동평균선은 단기 이동평균선으로 5일선과 20일선, 중기 이동평균선은 60일선, 장기 이동평균선인 120일선이 있다. 주식시장에서 주가와 거래량, 거래대금은 매일 변하지만 일정 기간을 두고 보면 일정한 방향성을 알 수 있는데, 이것이 이동평균선이다.

1. 5일 이동평균선: 5일간의 주가 평균치를 나타낸 선으로 단기 추

세를 파악할 수 있다. 단타 투자자들이 많이 이용하며, 등락폭이 가장 크게 나타난다.

2. 20일 이동평균선: 20일간의 주가 평균치를 나타낸 선으로 단기 추세를 볼 때 주로 이용한다.

3. 60일 이동평균선: 60일간의 주가 평균치를 나타낸 선으로 중기 이동평균선으로 불린다. 수요와 공급을 파악하기 용이해 수급선이라고도 한다. 일반적으로 주가가 60일 이동평균선을 돌파하면 상승 국면에 접어들었다고 판단한다.

4. 120일 이동평균선: 120일간의 주가 평균치를 나타낸 선으로 장기 이동평균선으로 불린다. 기업의 사이클과 전반적인 경기 상황을 파악하는데 용이해 '경기선'이라고도 한다. 중장기 투자자라면 120일 이동평균선은 참고하는 것이 좋다.

이동평균선의 기울기와 각 이동평균선들의 배열 상태 등을 통해 매수/매도 시점을 결정할 수 있다. 그리고 이동평균선이 위로 향하는지, 아래로 향하는지를 살펴보면 이후 주가의 방향을 예측해볼 수 있다. 5일, 20일, 60일 그리고 120일 이동평균선이 모두 상승하고 있다면 그 종목의 주가는 상승 추세라고 볼 수 있다.

지지선과 저항선

주가의 저점을 이은 선으로 주가가 하락하지 않도록 지지해준다고 해서 '지지선'이라고 한다. 주가가 이 선 아래로 떨어지지 않고 지지되고 있다면 주가는 상승할 가능성이 크다.

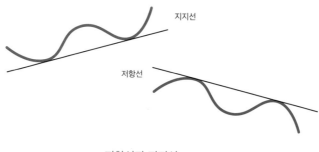

저항선과 지지선

저항선은 주가의 고점을 이은 선으로, 이 선에 부딪쳐 주가가 상승하지 못한다고 해서 '저항선'이라고 한다. 주가가 이 선을 돌파하지 못하면 주가는 하락하게 된다.

정배열과 역배열

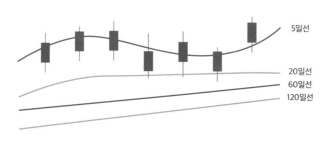

이동평균선의 정배열

이동평균선의 배열 상태에 따라 주가의 추세를 알아볼 수 있는데, 이동평균선이 정배열의 상태에 있을 때 주가는 상승 흐름을 보인다. 즉 5일 이동평균선이 맨 위에 있고 20일, 60일, 120일 이동평균선의 순서대로 배열되는 경우이다.

이와 반대로 120일 이동평균선이 맨 위에 있고 60일, 20일, 5일 이동평균선의 순서대로 배열되는 경우는 역배열이라고 하는데, 이때는 주가가 하락 흐름을 보인다.

골든크로스 vs. 데드크로스

차트를 보면 단기 이동평균선과 중기 이동평균선, 장기 이동평균선이 교차하는 경우를 볼 수 있다. 이때 단기 이동평균선이 장기 이동평균선을 뚫고 올라가는 경우를 '골든크로스'라고 한다.

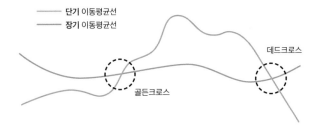

골든크로스가 나타나면 주가의 상승 신호로 볼 수 있다.

데드크로스는 골든크로스와 반대 개념으로 데드크로스가 나타나면 주가의 하락 신호로 볼 수 있다.

시세가 발생하면서 주가는 이동평균선을 돌파하게 된다. 하지만 주가는 이동평균선에서 멀어지면 다시 가까워지려고 하고, 가까워지면 다시 멀어지려고 하는 성질이 있다. 즉 수렴과 확산이 반복되는 것이다.

이때 시세는 상황에 따라 다르게 움직이기 때문에 그 방향성을 예측하기 어렵다. 예측하기 어려운 시세를 파악하기 위해서는 장기 이동평균선(120일, 200일 이동평균선)을 보는 것이 좋다.

장기 이동평균선이 장대양봉을 뚫을 때 어떤 모습으로 뚫어야 하는지, 그러고 나서 2차 상승으로 이어지는지, 본격적으로 상승으로 이어질 때 어떤 패턴을 보이는지에 대해 살펴보자.

하락하던 주가가 방향을 바꿔 상승할 때 주가는 급상승하지 않는다. 상승하다가 산을 그리면서 횡보하는데, 이때 장기 이동평균선과 수렴되는 지점, 즉 주가와 장기 이동평균선이 한 곳에 모이는 지점이 중요하다.

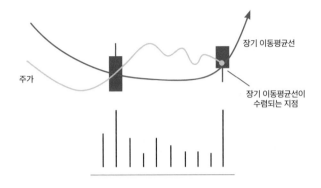

주가와 장기 이동평균선이 수렴한 후 방향이 정해지는데, 수렴되는 지점에서 장대양봉으로 거래량이 크게 섰을 때, 그 이후를 주시하는 것이 좋다. 이 지점에서 본격적인 상승이 진행될 수 있다.

차트를 보면서 이런 패턴을 살펴보자.

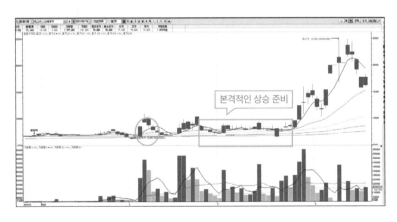

그림 2-15 신풍제약

〈그림 2-15〉의 신풍제약 차트를 보면 동그라미 친 부분에서 장기 이동평균선인 200일 이동평균선을 뚫고 주가가 올라왔다. 하지만 여기서 바로 상승하는 것이 아니다. 이후 산을 한두 개 만들고, 이동평균선의 이격이 좁아지면서 캔들이 일렬종대로 설 때까지는 시간이 걸린다. 그런 다음 본격적인 상승을 하게 된다. 이런 차트의 패턴을 보이는 종목이 대박을 낼 수 있다.

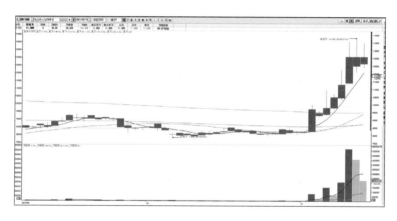

그림 2-16 남화토건

남화토건 차트를 보면 장대양봉이 장기 이동평균선을 뚫고 올라갔다. 장대양봉이 나온 다음에는 거래량이 더 많아야 하지만 여기서는 작은 음봉으로 거래량이 줄었다.

음봉과 양봉으로 섰을 때 거래량에는 차이가 있다. 음봉은 거래량이 적고, 양봉은 거래량이 많은 것을 나타내는데 주가가 상승할 때는 양봉이 나면서 점차적으로 거래량이 많아져야 한다.

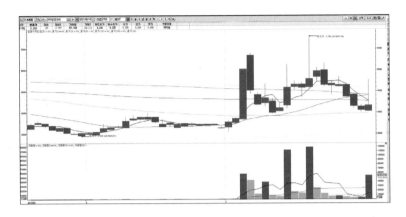

그림 2-17 KPX생명과학

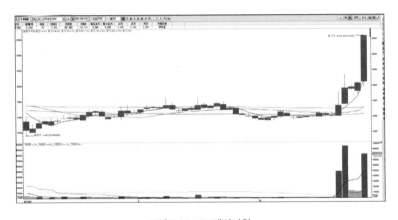

그림 2-18 KPX생명과학

〈그림 2-17〉의 KPX생명과학 차트를 보면 장대양봉이 거의 모든
이동평균선(역배열 상태)을 다 뚫었다. 하지만 다음 날 거래가 줄면서
음봉이 나왔다. 이후 주가 흐름을 보면 거래가 점차 줄면서 주가가
상승하지 못하는 모습을 볼 수 있다.

주가가 상승, 하락을 반복하면서 이동평균선에는 일정한 폭이 있어야 하는데, 이 경우 이격이 넓어 주가가 상승하지 못하는 것이다.

하지만 이후 주가 흐름을 보자(그림 2-18). 여기서 중요한 것은 이동평균선이 모아지는 지점, 즉 이동평균선이 수렴되는 지점을 살펴봐야 한다. 이동평균선이 모아진다는 것은 에너지가 집중된다는 뜻이기 때문이다.

〈그림 2-18〉의 차트를 보면 이동평균선들이 수렴되면서 주가가 상승할 수 있도록 힘이 실리고 있다. 이처럼 이동평균선이 수렴되는 상황을 잘 파악해야 한다.

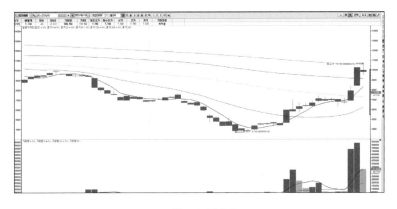

그림 2-19 아난티

〈그림 2-19〉의 아난티 차트를 보면 강력하게 상승하고 있는데, 이동평균선의 이격이 크다. 이동평균선들의 이격이 크기 때문에 이

후 주가는 등락을 반복하며 여러 개의 산을 만들 것이다. 200일 이
동평균선이 맨 아래로 위치할 때까지 이런 모습을 반복할 것이다.
하지만 이동평균선은 멀어지면 다시 모이려는 습성이 있기 때문에
언젠가는 모든 이동평균선이 모이는 지점이 올 것이다.

그림 2-20 맥아이씨에스

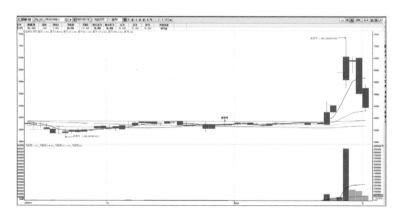

그림 2-21 맥아이씨에스

〈그림 2-20〉의 맥아이씨에스 차트를 보면 긴윗꼬리가 달린 양봉이 나오며 거래량이 터졌지만, 이동평균선의 이격이 상당히 크다. 때문에 주가가 상승한다는 신뢰성이 없다(2019년 10월). 이후의 차트를 다시 한번 보자.

〈그림 2-21〉은 2020년 1월 맥아이씨에스의 일봉 차트이다.

윗꼬리 장대양봉이 모든 이동평균선을 뚫었는데, 이동평균선의 이격이 매우 좁다. 200일 이동평균선을 장대양봉이 뚫었을 때 이후 주가가 상승할 것인지의 여부를 판단하는 데는 거래량도 중요하지만 이동평균선의 이격이 좁아야 한다. 그래야 에너지가 응축되어 상승할 수 있는 것이다.

이동평균선이 수렴하면
반드시 주가는 오를까?

이동평균선이 한곳을 향해 모이는 현상(수렴)이 발생하고 있다는 것은 기간에 관계없이 주식을 보유한 매수자들의 매입 가격이 비슷하다는 뜻이다. 그리고 누군가(세력)에 의해 주가가 관리되는 종목이라는 기대감 때문에 대부분의 투자자는 '이동평균선 수렴=폭등'이라는 생각으로 매수에 참여하는 경우가 많다. 하지만 이는 일부는 맞고, 일부는 틀린 말이다.

어떤 종목의 이동평균선이 수렴되고, 밀집된다는 것은 힘을 응축하고 있다는 점에서 관심을 가져볼 만하다. 다만 그 힘이 위로 향할지, 아래로 향할지에 대해서는 알 수 없기 때문에 이 방향성을 확인하고 종목에 진입하는 것이 좋다.

다음 날 주가가 반드시
뜨는 캔들이 있다

고점이나 저점에서 상승으로 이끄는 캔들의 모양이 있다. 물론 모든 종목에서 이런 캔들의 패턴들이 적용되는 것은 아니지만, 대체로 상승 확률이 높다고 볼 수 있다. 그럼 다음 날 주가가 거의 상승하는 캔들 패턴을 살펴보자.

패턴 1. 상승 곡선에서 하락 시: 둥둥섬

패턴 1에서처럼 상승 곡선을 그리는 주가가 일시적으로 하락하면서 뚝 떨어져 둥둥섬(십자 캔들)이 나오는 패턴이 있다. 이 둥둥섬이 나타날 때에는 반드시 거래량이 줄어야 한다. 거래량이 줄어들고 둥둥섬이 나온다면 이후 주가는 상승한다.

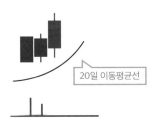

패턴 2. 상승 곡선에서 하락 국면: 20일 이동평균선 부근에서 높은 시초가

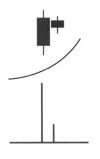

패턴 3. 상승 국면: 음봉 매미형

패턴 2를 보면 상승 곡선에서 하락 국면으로 접어들면서 20일 이동평균선 부근에서 2개 정도의 음봉이 나온 후 다음 날 시가가 높게

뜬 양봉이 나오면 주가는 상승한다. 수급의 힘이 응축되면서 주가를 끌고 올라가려는 힘이 있다고 볼 수 있다. 이때 거래량은 평상시보다 줄어들어야 한다.

패턴 3을 보면 상승 곡선에서 거래량이 실린 양봉이 나온 후 다음 날 거래량이 줄어든 음봉이 매미처럼 붙어 있는 음봉 매미형이 나온다면 이후 주가는 상승한다.

상승 패턴 1과 2는 20일 이동평균선과 함께 확인해야 하고, 상승 패턴 3은 20일 이동평균선과 상관이 없다.

자, 그럼 차트를 보면서 이런 캔들의 패턴을 찾아보자.
먼저 둥둥섬을 찾아보자.

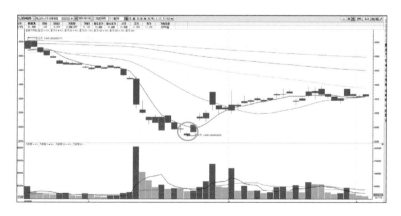

그림 2-22 두산중공업

〈그림 2-22〉의 두산중공업 차트를 보면 상승 국면에서 일시적으로 하락하면서 갑자기 뚝 떨어뜨린 캔들이 나오는데, 이것이 등등섬이다. 등등섬이 나온 후 다음 날 주가가 상승하는 것을 볼 수 있다.

다음으로 20일 이동평균선 부근에서 시초가가 높게 형성되며 음봉이 나오는 경우이다.

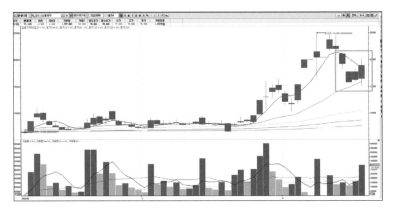

그림 2-23 신풍제약

신풍제약 차트를 보면 상승하다가 하락 국면으로 접어들면서 음음봉이 2개 나왔다. 그리고 다음날 양봉으로 시초가가 높게 형성되었다. 이때 거래량이 더 적은 것이 좋다.

이런 패턴이 주가가 상승하는 캔들 패턴이다. 즉 상승 국면에서 하락 국면으로 접어들면서 양봉이 나온 후 20일 이동평균선 부근에서 시초가가 높게 형성되는 양봉이 나오면 주가는 상승한다.

거래량이 줄어들면서 음봉 매미형이 나오는 패턴도 살펴보자.

그림 2-24 한국화장품제조

한국화장품제조 차트를 보면 대량 거래량이 나온 후 다음 날 거래량이 줄어들며 음봉 매미형이 나왔다. 이런 캔들의 패턴이 나온 이후에 주가는 상승한다.

차트를 보다가 이런 세 가지 캔들 패턴이 나오는 종목은 유심히 관찰해보는 것이 좋다. 이 세 가지 중 둥둥섬 패턴만 찾아도 15~20% 정도의 수익을 거둘 수 있다.

윗꼬리 캔들의 의미

캔들의 윗꼬리는 매도세, 아래꼬리는 매수세를 의미한다. 꼬리의 길이로 거래량과 함께 매수세와 매도세의 강도를 파악할 수 있는데, 꼬리가 길고 거래량이 많으면 세력의 힘이 크다는 것을 알 수 있다.

양봉에 윗꼬리가 달리면 전날 종가보다 시가가 높게 시작하고 강한 매도세를 보이다 종가가 상승으로 마감하는 것이다. 양봉에 아래꼬리가 달리면 전날 종가보다 시가가 높게 시작하여 강한 매도세를 보이다 매수세의 힘으로 시가보다 높은 가격으로 종가를 형성하며 마감한 것이다.

음봉에 윗꼬리가 달린 것은 전날의 종가보다 시가가 낮게 시작하여 매수세로 잠시 주가가 올랐다가 다시 강한 매도세로 종가가 시가보다 낮게 형성되어 마감한 것이다. 음봉에 아래꼬리가 달린 것은 전날의 종가보다 시가가 낮게 시작하여 강한 매도세로 하락하다가 이후 강한 매수세로 시가보다 종가가 높게 형성되어 마감한 것이다.

윗꼬리는 매도 세력, 아래꼬리는 매수 세력이 강하다는 의미로 볼 수 있는데, 윗꼬리가 달리면 매도 신호로, 아래꼬리가 달리면 매수 신호로 볼 수 있다.

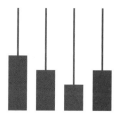

윗꼬리 캔들: 매집의 흔적

주식 상층부의 윗꼬리 형태는 세력들이 빠져 나갈 때의 상황을 주로 나타내는 것이고, 주식 바닥 층에서 나오는 윗꼬리 형태는 주식을 매집하는 형태로 보면 된다.

여기서 꼭 기억해야 할 것이 있다. 굉장히 중요한 사항인데, 5일 이동평균선이 20일 이동평균선을 돌파할 때나 5일 이동평균선이 60일 이동평균선 또는 20일 이동평균선이 60일 이동평균선을 돌파할 때 윗꼬리가 달린 캔들 형태가 많이 나온다는 것이다. 이것이 바로 매집의 흔적이다.

다시 말해서 한두 번에 모든 이동평균선을 통과하면 좋지만, 이동평균선을 뚫지 못하고 여러 번 윗꼬리가 달린 캔들이 나타나기도 한다. 이때 중요한 것은 윗꼬리가 달린 캔들이 상층부에서 3개 이상 나올 때는 매도하는 것이 좋다. 윗꼬리가 길면 길수록 상층부에서는 위험하지만 바닥 국면에서는 안전하다고 볼 수 있다.

역망치형 캔들

매수세보다 매도세가 강했을 때 나타나는 캔들 모형으로 고가권에서 망치형 캔들이 나타나면 저가권에서 매수한 투자자들의 강력한 수익실현의 의지라고 볼 수 있다.

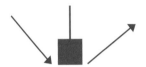

관심 있게 봐야 할 것은 저가권에서 나타나는 역망치형 캔들이다. 이런 자리에서 매수하게 되면 수익을 낼 수 있다. 윗꼬리가 달린 역망치형 캔들이 저가권에서 나타나면 주가가 저점에 도달한 것으로 매수 기회가 된다. 그런데 고가권에서 역망치형 캔들이 나온다면 그때는 매도로 대응하는 것이 좋다.

참고로 바닥권에서 망치형 캔들 3개가 나타난다면 매수의 기회로 봐야 한다(망치형 캔들이 나타나는 위치가 중요). 이때 거래량이 동반되거나 눌림목 구간에서 나타난다면 더 좋다.

이런 캔들 모양이 나타나면 주의하자!

천장에서의 캔들 형태

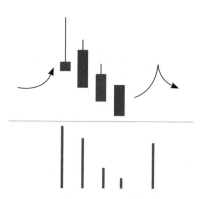

주가가 천장을 치고 떨어질 때 캔들의 모습이다. 천장에서 거래량이 실린 윗꼬리가 길게 달린 역망치형 캔들이 나오면 주가가 하락할 것이라고 예상할 수 있다.

지속적으로 수익을 내는
종목 선정법

종목을 선정하는 최고의 기준은 '타이밍'과 '거래량'이다. 거래량과 타이밍에서 세력의 힘을 보는 것이다. 거래량과 타이밍, 즉 세력이 어떤 의도를 가지고 있는지에 대해 미리 파악해야 한다. 다시 한번 말하면 종목을 선정하는 최고의 기준은 세력의 힘, 타이밍과 거래량을 면밀히 분석하는 것이다.

폭등하는 장세에서 종목을 선정하는 기준은 외국인과 기관투자자의 순매수 종목을 1~3위까지 추려낸 다음 그중에서 1,000만 주이상 거래되는 종목을 관심종목란에 넣어두고 유심히 관찰하는 것이다. 그러고 나서 시초가부터 공략한다면 승률을 높일 수 있다.

주식은 시간을 사는 것이다. 차트는 시세의 길잡이다. 차트를 보면서 스스로 공부하고 연구해서 자신만의 매매 원칙을 만들어가야 한다. 주식은 사는 것보다 파는 것이 중요하기 때문에 자신에게 가장 알맞은 투자 방법을 연구하고 매수/매도 원칙을 세워야 한다.

그렇다면 폭등장세가 지속될 때 종목은 어떻게 선정해야 할까?

첫째, 중소형주 중에서 선정하되 거래량이 500만 주 이상이 되는 종목을 골라야 한다.

둘째, 상승 트렌드에 있는 주식으로 낙폭이 5분의 1 토막 난 종목 중에서 외국인과 기관투자자들의 매도 물량이 없는 종목을 찾는다.

셋째, 다섯 종목 미만으로 관심종목을 설정한 후 집중적으로 추적 관찰하여 매매한다. 다섯 종목에만 집중해야 수익을 낼 수 있다.

이 종목, 저 종목으로 왔다 갔다 하지 말고 자신이 완전히 습득한 종목을 매매해야 한다. 단, 대량 거래량이 실리고, 엄청난 낙폭을 보였으며, 그중에서 외국인과 기관투자자들이 절대 매도하지 않는 종목들, 즉 코스닥 중소형주 중에서 종목을 선정해서 매매해야 수익을 낼 확률이 높다.

폭등장세에서 일반투자자들은 허둥지둥하며 큰 수익을 내지 못하는 몇 가지 이유가 있다.

1. 진정한 멘토를 만나지 못한 초보투자자는 뇌동 매매(시세 예측에 의한 매매가 아닌 남을 따라 하는 매매)를 한다.
2. 아무 종목이나 묻지마 투자를 한다.
3. 무조건 장기 투자를 하면 큰돈을 벌 수 있다는 환상을 갖고 계속해서 장기 투자를 한다. 물론 장기 투자를 할 종목과 시점은 따로 있다.
4. 자신만의 원칙이 없는 일반투자자들은 심한 조급증으로 매매가 꼬인다.
5. 능력이 안 되는데 과도하게 단타를 한다.
6. 주식 종목을 선정할 때 시장의 흐름에 순응해야 하는데, 맥을 잡지 못하고 소외된 종목을 매매한다.
7. 주식에 대한 공부가 부족한 일반투자자들은 전문가들을 너무 맹신한다.

여기에 덧붙여 자신이 보유하고 있는 종목들에 대해서는 항상 공시나 뉴스 상황들을 꼭 체크해야 한다. 전환사채, 재무제표, 배당, 증자공시 뉴스 등을 항상 확인하고, 그다음에 악재나 호재 등에 대해서도 확인하는 습관을 들여야 한다.

증자공시를 조심하자

증자의 형태는 '무상증자'와 '유상증자'가 있고, 재무구조가 형편없는 회사가 때로는 전환사채의 형태로 증자를 하는 경우가 있다. 증자는 주식시장에서 대체적으로 악재이지만, 재무구조가 형편없는 기업의 입장에서는 돈과 자본금을 끌어들일 수 있다는 점에서 호재로 작용될 수 있다.

증자공시는 주식시장의 활황기에서 많이 나타난다. 증자를 받으려는 사람과 증자를 받지 않으려는 사람들 사이에서 갭이 발생되어 주가의 하락이 나타나기도 한다.

더욱이 증자 물량이 나오는 시점에서는 주가가 더욱더 하락하기 때문에 이 점에 유의해야 한다. 그러나 예를 들어 삼성전자가 이익금이 너무 많아서 무상증자를 했다면 주식시장에서 일정 부분 호재로 작용할 수 있다. 또한 증권회사나 삼성전자가 함께 2조 원 정도의 증자공시를 했다면 전체적으로 우리나라 주식시장에 미치는 영향이 상당할 것이다.

증자공시와 함께 대형 호재를 터뜨리면서 일반투자자들에게 주식을 떠넘기는 경우가 있는데, 이럴 때는 주식을 매수해서는 안 된다. 다만 무상증자는 단기 호재로 작용해 어느 정도 주가 상승을 일으키기도 하지만, 무상증자 물량이 상장되는 시점에서는 당연히 주가가 하락하게 된다.

또한 재무구조가 형편없는 기업의 입장에서 발행하는 전환사채는 증자의 일종인데, 그러한 증자는 세력들이 발행되는 주식들을 매도하기 위해 전환사채를 발행하는 시점에서 주가를 인위적으로 띄우려는 속성이 있다는 점을 간과해서는 안 된다.

투자자들은 주식을 소유하고 있으면 그 회사에 대한 공시를 관심 있게 보아야 손해를 보지 않는다. 공시에는 호재가 있고, 악재가 있기 때문에 잘 판별해서 투자에 임해야 한다.

폭등장세 속 대박 날
종목을 찾아라!

공부를 잘하는 사람이나 IQ가 높은 사람이 주식투자를 잘하는 것은 아니다. 합리적인 사고방식과 분석력, 현 단계에서 종목을 어떻게 보는지에 대해 훈련되어 있어야 한다. 조금 길게 보고 그 종목의 미래 가치를 파악하여 자신의 전략으로 종목을 발굴해야 성공적인 주식투자를 할 수 있다. 여기에 더해 외국인투자자들이나 기관투자자들이 집중적으로 매도하지 않는 종목을 선택하는 것이다.

대중들의 기대감, 여러 가지 심리적인 원인 등으로 주가는 등락을 반복한다. 때문에 어느 특정한 회사가 엄청난 돈을 번다고 주가가 상승하는 것은 아니다. 정말 좋은 정보가 있다면 그 정보를 어떻게 해석하고, 이 정보가 회사에 어떤 영향을 끼치며 점차 실적에 어떤 영향을 주느냐를 해석하는 능력을 키워야 한다.

주식은 대응력이 중요하다. 즉 타이밍이 중요한 것이다. 언제 매수하고, 언제 매도하느냐의 타이밍을 잘 잡아야 한다. 타이밍을 놓친다면 다 잡은 고기를 놓친 것이나 다름없다. 대부분의 사람은 주식이 조정을 받는 기간에 그 주식을 버리는 경우가 있다. 필자의 경우도 회사의 미래 가치와 성장성에 초점을 맞추고 있지만 가장 중요한 것은 현 상황에서 수급과 가격대, 위치 그리고 정부의 정책에 따라 추진되는 종목인지를 살펴보는 것도 중요하다.

드림시큐리티라는 종목을 예로 들어 살펴보자.

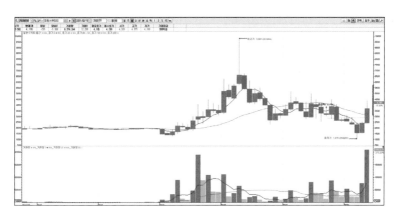

그림 2-25 드림시큐리티 월봉

드림시큐리티는 앞으로 성장성이 기대되는 종목이라고 생각되는데 코스닥에 상장된 지는 7~8년 정도 됐다. 최근 들어 신규 종목에서 폭등하는 현상이 나타나고 있는데, 이 종목도 과거 주가를 보면 상승하다 하락하고 있지만 다시 한번 상승으로 전환하려는 발판이 만들어진 것으로 보인다.

〈그림 2-25〉 드림시큐리티의 월봉 차트를 보면 주가가 오르기전에 대량 거래가 한 번 실리는 것을 볼 수 있다. 그리고 하락하다가다시 한번 바닥에서 대량 거래가 실리고 있다. 즉 활자로 휘면서 다시 한번 대량 거래가 실리고 있는데, 묵직한 세력이 핸들링하고 있는 것은 아닐까라는 생각도 든다.

정부에서 스트링코리아 2020 포럼 축사에서 양자컴퓨터 연구개발에 24조 원을 투자한다고 발표하면서 드림시큐리티에는 아주 강력한모멘텀이 될 만한 사건이었다. 드림시큐리티는 암호기술연구센터를개설하고, 양자컴퓨터 관련 연구기술의 개발을 진행 중인 것으로 알려져 있다. 코스닥에서 앞으로 기대되는 종목으로 생각된다.

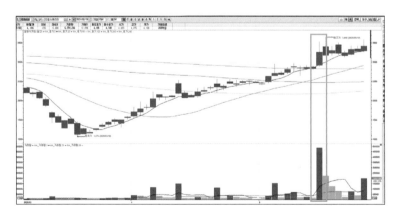

그림 2-26 드림시큐리티 일봉 차트

〈그림 2-26〉의 차트를 보면 5,000만 주 정도 되는 거래량이 실린 장대양봉을 볼 수 있는데, 이는 주가를 강력하게 올리겠다는 의지로 볼 수 있다. 이는 정부 정책과 맞아들어가며 사람들에게 큰 관심을 갖게 만든 것으로, 앞으로도 유심히 살펴볼 필요가 있다.

또 거래량을 보면 보기 드문 세력이 들어온 것으로 보인다. 이런 종목은 든든한 세력이 어느 정도 떠받칠 것이다. 거래량은 돈이다. 드림시큐리티를 보면 엄청난 돈이 들어왔음을 알 수 있다.

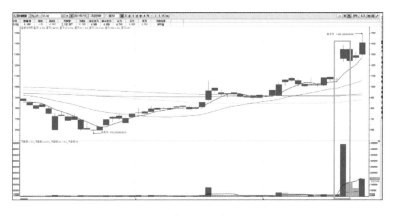

그림 2-27 유니슨

유니슨의 차트를 보면 대량 거래가 실린 장대양봉으로 세우고 이후 조정을 받는 모습이다. 이렇게 대량 거래를 띄워놓고 조정을 받는 종목들은 유심히 살펴볼 필요가 있다.

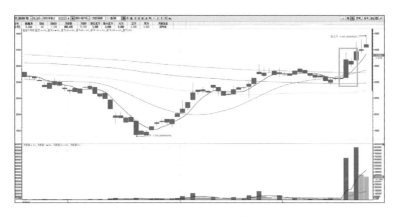

그림 2-28 대한광통신

대한광통신의 차트를 보면 대량 거래량이 실리며 장대양봉으로 세운 후 주가가 상승하는 모습을 볼 수 있다. 이때 다음 날 거래량이 줄어들며 음봉이 매미처럼 붙어 있다. 이런 패턴을 보이면 주가는 상승한다.

이처럼 종목을 선정하는 기준은 대량 거래가 실린 장대양봉이 나타나거나 성장성이 확보된 과대 낙폭하는 종목, 그리고 회사의 재무구조가 변경될 만큼 엄청난 자금이 유입되는 종목이다.

계속해서 강조하지만, 주식투자는 철저한 연구와 끝없이 공부해야만 냉혹한 주식시장에서 살아남을 수 있다. 끊임없는 연구와 공부를 통해 성공 투자의 길로 들어설 수 있는 것이다.

차트 분석을 통해 급등주를 찾는
7가지 방법

주식투자를 할 때 대부분의 투자자는 급등주에 자연스럽게 관심을 갖게 된다. 급등주란 단기간에 가치가 급상승한 주식으로, 회사의 경영 내용이나 배당, 안정성 등을 따지지 않고 주식 등락에 대한 환경적 요인 등의 호재로 상승하는 주식을 말한다.

그렇다면 이런 급등주는 어떻게 발굴할 수 있을까? 몇 가지 차트를 통해 살펴보도록 하자.

〈그림 2-29〉의 넷마블 일봉 차트를 보면 한 번 크게 하락시킨 후 옆으로 오랫동안 횡보했다. 이런 차트 모양이 언젠가 고개를 들어 상승으로 전환되면 오래 가게 된다. 주가는 언젠가 큰일을 내기 위해 한 번 크게 하락시키는 경향이 있다.

그림 2-29 넷마블 1

그림 2-30 넷마블 2

〈그림 2-30〉 넷마블 차트를 보면 조정을 받고 있는 상황이다. 넷
마블의 시가총액은 약 15조 원 정도 되는 엄청나게 무거운 주식이
다. 이후 한 번 더 조정을 받으면 N자형(전형적인 상승 지속 패턴)으로
상승하는 모양새를 만들 수 있다.

주가가 상승하는 패턴에는 여러 가지가 있는데, 그중에서 상승
국면에서 나타나는 N자형은 단기 상승 패턴으로 이때도 거래량이
중요하다. 이런 N자형 패턴은 급등주에서 많이 나타난다.

그림 2-31 형지I&C

형지I&C는 상한가가 되기 전에 600만 주 정도 되는 거래량이 나
왔다. 대량 거래가 나온 후 숨을 죽이고 있다가 또다시 거래량이 증
가하면서 상한가까지 갔다.

이때 상한가로 가지 않으면 빨리 매도하고 빠져나와야 한다. 이
후 또 한 번 상한가로 갈 수도 있겠지만, 그렇지 않다면 20~25% 정
도 상승했을 때 매도하는 것이 좋다.

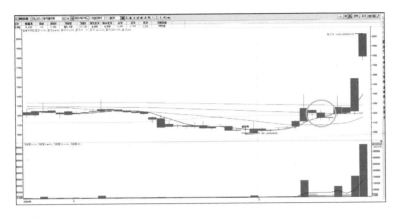

그림 2-32 형지엘리트

이재명 지사 관련주로 알려진 형지엘리트는 숨을 살짝 죽이고 있다가 대량 거래량이 나왔다. 이후 음봉으로 상한가가 나왔다. 이때 음봉이라고 해도 거래량이 많으면 끝난 주식은 아니다. 두 번 정도 조정을 받은 후 다시 한번 상한가로 갈 수도 있다.

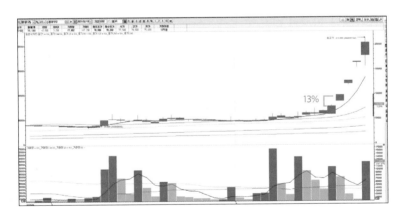

그림 2-33 신풍제약우

코로나 관련주인 신풍제약우는 상한가로 가지 않고 슬그머니 윗 꼬리가 달린 양봉이 나온 후 다음 날 상한가로 갔다.

상한가로 가기까지의 갭이 13% 정도 떴는데, 분명히 상한가를 만들려면 15~20% 정도 갭이 떠야 한다. 그렇지 않고 7~8% 정도 갭이 뜨면 올라가다가 바로 하락해버리기 때문에 이런 경우에는 매도하는 것이 좋다.

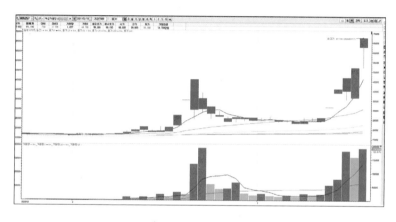

그림 2-34 녹십자홀딩스2우

녹십자홀딩스2우의 일봉 차트를 보면 음봉으로 조정을 받았는데, 거래가 엄청나게 실렸다. 이런 종목들은 유심히 봐야 한다. 다음 날 상한가로 갔는데, 시가가 20% 이상 떴다. 이때 그다음 날에는 시초가가 25% 이상 되어야 한다. 그래야 또 한 번 상한가로 갈 가능성이 있는 것이다. 그렇지 않으면 7~8% 정도 됐을 때 매도하는 것이 좋다.

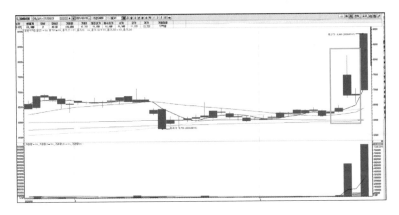

그림 2-35 유라테크

유라테크 역시 음봉으로 조정을 받았는데 600만 주의 거래량이
실렸다. 그리고 이후 음봉은 상승시킬 에너지를 비축하기 위해 잠
시 웅크리고 있는 캔들이라고 볼 수 있다. 거래량이 빠진 십자형 캔
들이 나온 후 상한가로 가는 것을 볼 수 있다.

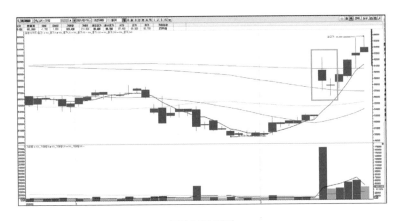

그림 2-36 안랩

〈그림 2-36〉의 안랩 차트를 보면 음봉으로 조정을 받으며 없던 거래량이 실렸다. 다음 거래량이 살짝 빠진 십자형 캔들이 나온 후 다시 상승하는 모습을 볼 수 있다. 이처럼 20일 이동평균선 위에서 거래량이 실린 음봉으로 조정을 받는 종목들은 유심히 살펴볼 필요가 있다.

다시 말하면 20일 이동평균선 위에서 거래가 실린 음봉으로 조정을 받더라도 다음 약간의 거래량이 실리면서 어느 정도 지지하는 봉이 나와 준다면 주가는 상승한다.

이런 차트들을 계속해서 보면서 급등주, 대박 나는 급등 종목들을 스스로 찾아내는 연습을 해야 한다. 그러면 주식투자 성공의 길로 들어설 수 있다.

세력주 급등 패턴을 알고
100% 수익 내자

세력주란 주식시장에 영향을 줄 수 있는 큰 힘을 가지고 있는 세력이 장을 주도하는 종목을 말한다. 이 세력주의 패턴을 알고 매매를 해야 본격적으로 급등하기 전에 잡을 수 있다.

세력주는 다음과 같은 패턴을 보인다.

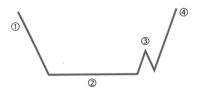

세력주 급등 패턴

①번은 주가 하락 구간이고, ②번은 매집 구간이다. 이후 ③번에서 매집을 끝내고 ④번에서 급등하는 것이다. 이것은 세력주가 보이는 일반적인 패턴이다.

하지만 세력은 이렇게 일반적인 패턴으로 주가를 움직이지 않는다. 세력들은 주가를 상승시킨 후 ③번에서 엄청나게 하락시킬 때가 있는데 일반투자자들은 이때 당해낼 도리가 없다. 때문에 ③번 이후 상승으로 전환될 때 매수하는 것이 좋다.

이런 차트를 찾아서
대박 나자!

큰 수익을 거두기 위해서는 차트를 분석하는 기술과 현 장세에서 그 종목의 주가가 어떤 방향성을 갖게 될지를 판단할 수 있는 능력이 필요하다. 그럼 큰 수익을 낼 수 있는 차트를 보자.

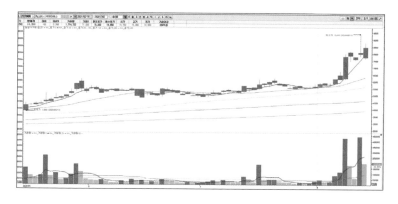

그림 2-37 씨아이에스

〈그림 2-37〉의 씨아이에스 차트를 보면 새로운 세력의 유입으로 거래량이 분출되면서 상승하고 있다. 이런 종목은 힘이 있다. 하지만 거래량이 50만 주, 100만 주 미만인 주식은 주의해야 한다. 보유하고 있는 주식을 세력이 팔아넘길 수도 있고, 장이 조금만 흔들린다면 바로 폭락하기 때문에 개미투자자들은 이럴 때 대처할 능력과 시간이 없다.

때문에 4,000만 주 이상 대량으로 거래되는 종목들은 중기적으로 보유한다면 큰 수익을 낼 수 있다.

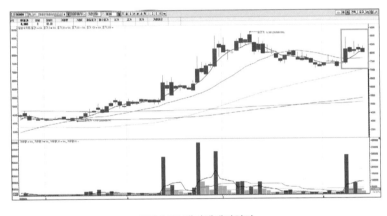

그림 2-38 제이엔케이히터

제이엔케이히터 차트를 보면 4,000만 주 이상 거래되면서 봉우리를 만들었다. 이후 다시 한번 큰 거래량이 실리며 봉우리를 만들고 있다. 20일 이동평균선을 뚫고 지지하기 때문에 이런 패턴을 보이는 종목은 매수 후 보유한다면 수익을 얻을 수 있다.

그림 2-39 코오롱머티리얼

코오롱머티리얼 차트에서 보는 것처럼 20일 이동평균선을 깨고 하락했지만 힘이 있는 주식들은 바로 하락하지 않고 한 번의 기회를 준다. 20일 이동평균선 밑에 있지만 이런 차트는 힘이 있다. 화려하게 불꽃을 피웠던 종목이나 최소한 2,000~3,000만 주 이상 거래되는 종목들은 옆으로 횡보하며 조정을 받으면서 상승할 발판을 마련한다. 때문에 이런 종목들은 20일 이동평균선 밑에 주가가 있더라도 관심 있게 볼 필요가 있다.

이때 주의해야 할 점은 각도를 유심히 살펴봐야 한다. 45도 각도 미만인 종목들은 다시 상승하기 버겁다. 코오롱머티리얼의 경우 상승 각도가 가파르다. 이후 20일 이동평균선을 깨고 살짝 하락할 수 있지만 반드시 2차, 3차의 기회가 있을 것이다. 이처럼 75도 이상의 각도로 상승한 종목, 지지선이 어느 정도 확인된 종목들은 관심을 가져볼 필요가 있다.

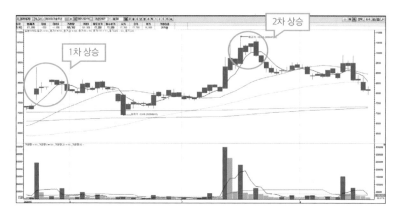

그림 2-40 에이테크솔루션

　에이테크솔루션은 1차 상승보다 2차 상승에서 거래량이 더 터지
면서 힘이 살아 있다. 다만 호가가 좋지 않은데, 20일 이동평균선을
돌파한 후 눌림목을 준 상태에서 매수 기회를 찾아볼 수 있다. 이런
종목들은 오래 보유한다면 수익을 낼 수 있다.

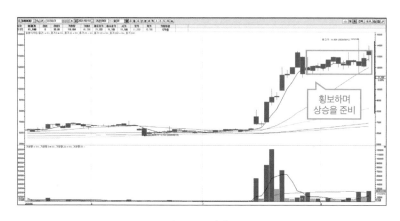

그림 2-41 유라테크 1

유라테크 종목을 보면 대량 거래로 주가가 상승한 후 옆으로 횡보하는 모습이 쉽게 하락할 만한 주식은 아닌 것을 보인다. 만약 하락하는 종목이라면 활처럼 휘어져서 20일 이동평균선을 지지하지 못할 것이다. 이 경우 20일 이동평균선을 타고 어느 정도 주가가 상승할 것으로 보이지만 급반등은 없을 것이다.

〈그림 2-42〉 유라테크의 이전 차트를 보면 다음과 같이 횡보하다가 고공행진하는 모습을 볼 수 있다.

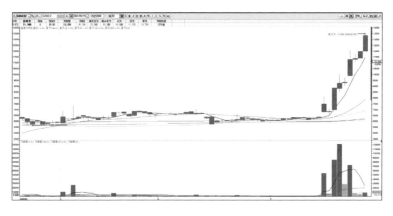

그림 2-42 유라테크 2

이처럼 고공행진이 나온 종목들은 반드시 크게 상승하는 경우가 많다. 때문에 고공행진이 나오고 거래량이 폭등한 종목들은 유심히 살펴볼 필요가 있다.

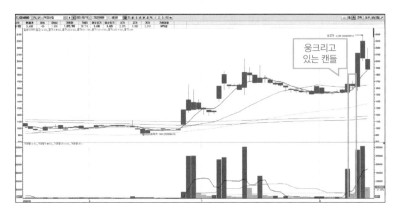

그림 2-43 덕양산업

〈그림 2-43〉의 덕양산업의 차트를 보자.

이런 패턴을 보이는 차트에 대박의 기회가 있다. 차트를 보면 20일 이동평균선을 강력하게 뚫었다가 숨을 한번 죽였다. 이후 상한가가 나온 후 거래량이 빠지면서 하락했지만, 다시 한번 기회가 올 것이라고 생각된다.

이때 전제조건은 앞에서 거래량이 엄청나게 터진 종목이어야 한다는 것이다. 덕양산업의 차트를 보면 이전에 거래량이 터진 후 횡보하다가 다시 큰 거래량으로 주가가 상승한 다음 거래량이 빠지면서 음봉이 나왔다. 이때 음봉은 상승하기 위해 잠시 웅크리고 있는 것으로, 이런 차트는 다음 날 엄청난 거래량이 실리면서 주가가 크게 상승할 수 있다.

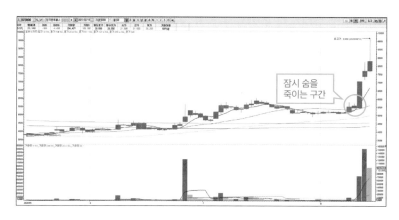

그림 2-44 인지컨트롤스

　인지컨트롤스의 차트를 보면 1,500만 주 이상의 거래량이 터졌다. 1,000만 주 이상의 거래량이 터지며 봉우리를 만들고, 20일 이동평균선을 지지하면서 횡보하는 종목들은 잘 살펴봐야 한다. 그리고 20일 이동평균선 밑에서 돌파하는 종목은 유심히 봐야 한다.

　여기서 한 가지 더 중요한 점은 상승 트렌드에서 처음 거래량보다 두 번째 거래량이 훨씬 많아야 한다는 것이다. 상승 곡선에서 거래량이 많다는 것은 다음 날 주가가 한 번 더 크게 상승할 수 있다는 것이므로 이런 종목들은 종가 매수를 하는 것도 좋다.

　인지컨트롤스의 차트를 보면 다음 날 거의 상한가까지 가는 것을 볼 수 있다. 하지만 다음 날 거래량이 줄어든다면 문제가 있는데, 거래가 어느 정도 실리면서 옆으로 횡보한다면 거래 세력이 놓지 않은 것이다. 그러므로 주가는 반드시 상승하게 될 것이다.

주가라는 것은 수급의 논리이므로 차트를 분석할 때 거래량을 살펴보는 것이 좋다. 또한 차트를 분석한 다음에도 회사의 실적을 어느 정도 확인한 후 매매에 임하는 것이 좋다.

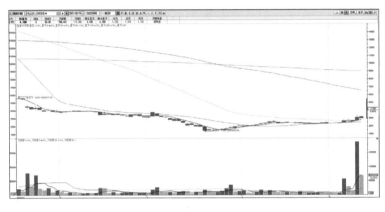

그림 2-45 대양금속 1

대양금속 차트를 보면 횡보하다가 거래량이 증가하는 모습을 볼 수 있다. 이후 차트를 보면 다음과 같다.

〈그림 2-46〉의 차트를 보면 이후 상승 트렌드로 큰 수익을 거둘 수 있었을 것이다. 하지만 다음에 음봉이 나왔기 때문에 주의해야 한다.

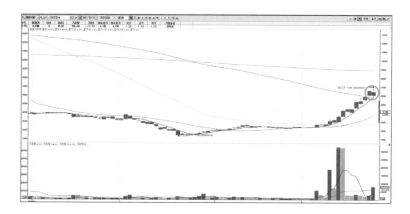

그림 2-46 대양금속 2

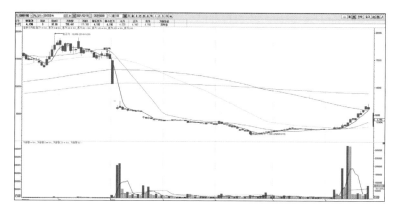

그림 2-47 대양금속 3

〈그림 2-47〉은 대양금속의 3년 치 차트이다. 여기서 주목해야 할 점은 급등한 종목은 반드시 급락할 수 있다. 그리고 옆으로 장기간 횡보하면서 힘을 모으는 기간이 있다는 것이다. 이와 비슷한 패턴을 넷마블에서 볼 수 있다.

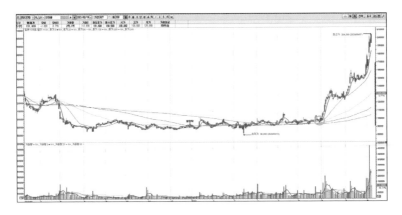

그림 2-48 넷마블

넷마블의 차트를 보면 급등했다가 급락한 후 옆으로 장기간 횡보하다가 동그라미 친 부분에서 거래량이 급증하면서 신호를 포착할수 있다. 차트를 보면 이후 상승 패턴을 지속할 수 있을 것으로 예측해볼 수 있다.

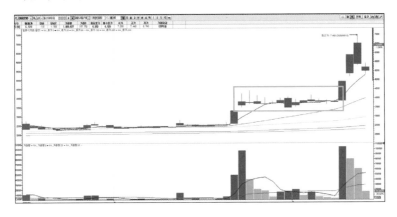

그림 2-49 일신바이오

〈그림 2-49〉의 일신바이오 차트를 보자.

이렇게 캔들이 이동평균선을 타고 대롱대롱 매달려 있는 패턴은 이후 반드시 상승한다. 일신바이오의 차트를 보면 5일 이동평균선에 주가가 대롱대롱 매달려 있는 경우 10~13일 정도 횡보한 후 상승하는 패턴을 볼 수 있다.

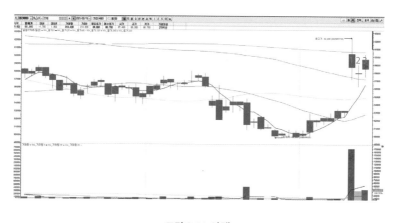

그림 2-50 안랩

안랩 차트를 보자. 고공행진을 하는 종목의 경우 1에서는 매수할 엄두가 나지 않는다. 하지만 십자 모양 캔들이 나오고 거래량이 빠지는 2에서 매수하는 것이 좋다.

거래량이 대량으로 실리면서 고공행진을 하는 경우 이후 한 번은 주가가 하락한다. 이때 거래량 바닥에서 몸통이 작은 음봉이 나온 후 적은 거래량으로 양봉을 형성한다는 것은 주가 상승의 신호로 볼 수 있다.

고공행진을 앞둔 종목은 어떤 신호를 보내는데, 안랩의 경우처럼 일반적으로 대량으로 거래량이 터지며 크게 상승하는 모습을 볼 수 있다.

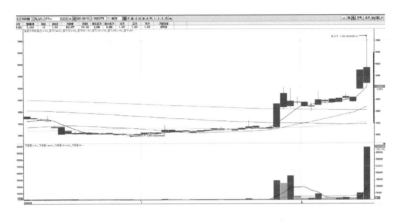

그림 2-51 휴렉스

휴렉스 차트에서도 이런 패턴을 확인할 수 있다. 20일 이동평균선에서 대롱대롱 주가가 매달려 있다가 두 번의 상한가를 맞았다.

이처럼 주가가 고공행진을 하는 경우에는 앞에서 어떤 신호를 보내는데, 그 신호를 잘 포착해야 한다.

다음 TCC스틸 차트를 보자.

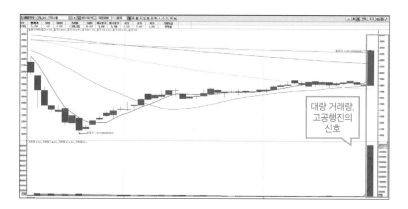

대량 거래량, 고공행진의 신호

그림 2-52 TCC스틸

TCC스틸도 거래량이 터지면서 고공행진으로 이어지고 있다. 이처럼 주식은 수급의 논리로 접근해야 한다.

여기서 종목 차트를 보여주는 것은 매수를 권유하는 종목이 아니다. 차트 패턴을 보기 위해 예시로 든 것이다. 이런 패턴을 보이는 종목들을 주의 깊게 살펴보는 것이 좋다.

시초가에서 갭 상승한
종목을 찾아라

차트를 보면서 기술적 분석을 할 때 중요하게 가장 먼저 확인해야
할 두 가지가 있다.

첫째, 시초가는 갭 상승으로 시작해야 한다.
둘째, 점상한가로 간 종목은 다음 날 시초가가 상한가로 시작해
야 한다.

갭 상승이란 시초가가 전일 고가보다 높게 출발하는 것을 말하
며, 오늘 시가가 전날 종가보다 높게 시작해서 양봉을 유지하며 두
캔들 사이에 공간gap이 생긴 것을 말한다. 장 전에 매수세가 몰리면
서 갭 상승이 나오는 경우가 많다.

갭 하락은 오늘 시가가 전날 종가보다 낮은 가격으로 시작해 하락하며, 음봉이 만들어지며 두 캔들 사이에 공간이 생긴 것을 말한다. 갭 상승이나 갭 하락은 회사에 중대한 영향을 끼치는 호재나 악재가 발표됐을 때에도 발생한다.

거래량과 거래대금이 동반되어 갭 상승이 발생한 경우 다음 날에도 주가는 상승할 확률이 높다. 반면 거래량이 동반된 갭 하락이 발생했다면 다음 날 주가는 하락할 확률이 높다.

시초가는 장이 시작될 때의 가격으로 전날 종가를 기준으로 한다. 전날 장이 마감하고 이후 별다른 악재나 호재가 없을 경우 일반적으로 전날 종가와 비슷한 수준에서 시초가가 시작된다.

전날 종가보다 높거나 낮은 수준에서 시초가가 형성된다면 갭이 발생하게 된다. 시초가가 상승 갭으로 시작했다면 매수세, 하락 갭으로 시작했다면 매도세가 우세하다는 것이다.

아침 시초가부터 갭 상승을 한 후 음봉으로 빠진 종목이나 시초가부터 음봉으로 빠지는 종목은 절대 매매를 금지해야 한다. 반드시 양봉으로 나온 종목을 매매해야 한다. 저가를 잡겠다고 음봉으로 빠지는 주식을 매매하려고 한다면 다음 날 하락이 멈추는 신호가 나타나는지 확인해야 한다. 멈추는 신호란 다음 날 양봉 십자형 캔들이 출현하거나 거래량이 바닥이거나 아주 적은 거래량이 나와야 한다. 이런 신호를 확인한 후 매매에 임하는 것이 좋다.

그렇다면 시초가가 갭 상승으로 시작한 종목을 선택해 수익을 내는 방법에 대해 알아보자.

시초가가 갭 상승으로 시작한 패턴

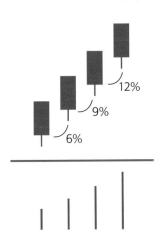

주가가 상승한 다음 날 6% 정도 갭 상승을 했다면 전날보다 거래량이 늘어났다고 가정해볼 수 있다. 이때 다음 날도 9% 정도 갭 상승을 해야 상승을 이어갈 수 있다.

이후 12% 정도 갭 상승이 있고, 전날보다 거래량이 더 실린다면 더 상승할 수 있다. 즉 시초가가 갭 상승을 할 때는 전날보다 더 많이 갭 상승을 해야 주가가 상승을 유지하게 된다.

시초가가 점상한가로 시작한 패턴

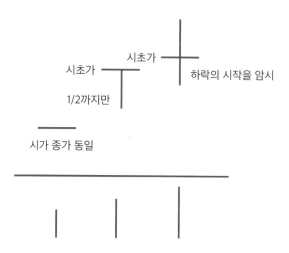

시초가가 점상한가로 간 종목은 반드시 다음 날 시초가가 상한가로 가야 한다. 시초가가 상한가로 가지 않는다면 이후 주가는 하락을 암시한다. 점상한가로 간 종목이 다음 날 시초가가 상한가로 갔을 때 아래꼬리를 단 T자 모양이 나타나는데, 이때는 2분의 1까지만 떨어지고 T를 말아 붙여야 어느 정도 상승할 수 있다는 신뢰가 있는 것이다. 그런데 그다음 날 2분의 1 정도에서 시초가가 형성되었다면 상승 행진은 멈춘다는 것을 기억해야 한다.

차트를 보면서 패턴을 살펴보자.

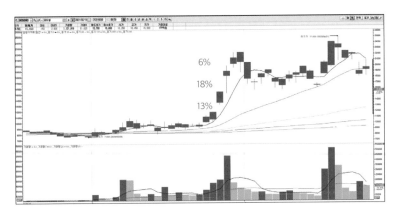

그림 2-53 파미셀

　　파미셀 차트를 보면 시초가가 13% 정도 갭 상승을 했다. 그런데
이후 시가가 6% 정도밖에 상승하지 않았다. 이럴 경우 주가가 더 이
상 상승할 수 있다는 믿음이 없는 즉 갭이 갈수록 크게 벌어지면서
봉이 짧아져야만 주가가 상승할 것이라고 신뢰할 수 있다.

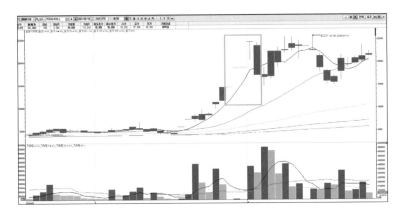

그림 2-54 맥아이씨에스

〈그림 2-54〉의 맥아이씨에스의 차트를 보면 점상한가로 날아가고 있다. 이후 시초가는 상한가부터 시작해야 상승을 이어갈 수 있다. 즉 점상한가가 나온 후 다음 날 상한가, 그다음 날에 상한가가 나왔지만 이후 시초가가 거의 마이너스가 나왔다. 그렇다면 이때 매도해야 한다.

즉 상한가로 계속 가던 종목이 T자 모양을 그리고 가다가 상한가가 나오지 않는 날, 그때가 하락의 시점이 되는 것이다.

스팩주
공략하기

스팩SPAC, Special Purpose Acquisition Company이란 공모IPO를 통한 자금을 바탕으로 다른 기업과 합병하는 것을 유일한 목적으로 하는 명목회사를 말한다. 다시 말해 '기업인수목적회사'라고 하는데, 사업을 목적으로 만들어진 회사가 아니라 기업을 인수하여 합병을 목적으로 만들어진 회사이다.

많은 기업이 상장을 목표로 하고 있지만, 주식시장에 상장하는 것은 쉬운 일이 아니다. 그래서 이미 상장되어 있는 스팩과 합병하면 시간과 노력을 줄일 수 있기 때문에 빠르게 상장을 할 수 있다는 장점이 있다. 스팩은 공모를 통해 투자자를 모으고, 그 자금으로 기업을 인수해 우회상장하는 것이다. 하지만 3년 안에 인수합병할 회사를 찾아야 하며, 이 기간 내에 인수합병을 하지 못하면 투자자들에게 원금과 이자를 돌려주어야 한다.

이처럼 스팩은 원금이 보장된다는 장점이 있다. 하지만 인수합병까지 시간이 걸리고, 인수합병이 되지 않을 경우 손해를 볼 수 있다는 단점이 있다. 대표적으로 2021년 원바이오젠(교보8호스팩)과 현대무벡스(엔에이치스팩14호) 등이 스팩합병을 통해 상장했다.

현대무벡스로 합병되기 전 엔에이치스팩 14호의 차트를 보자. 현대그룹 계열사인 현대무벡스와의 합병으로 코스닥시장에 상장하며 상한가를 기록했다.

현대무벡스의 최대 주주는 현대엘리베이터로 합병 후 기업 가치는 2,000억 원 이상이 될 것으로 예상되었다. 실제로 현대무벡스와의 합병 소식에 주가는 상승했지만, 합병 후 주가는 현대무벡스의 주식 가치에 따라 정해질 것이다.

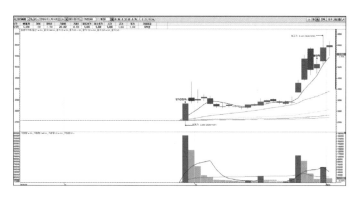

그림 2-55 엔에이치스팩 14호

스팩주에 투자하기 위해서는 관련 기업에 대해 많은 정보를 수집하고 확인한 후 소액으로 접근하는 것이 좋다.

공매도,
알고 투자하자

2020년 3월 16일 코로나19로 인한 팬더믹으로 국내외 증시가 폭락하면서 6개월간 공매도가 금지되었다. 이후 또 한 번 기간이 연장되었고, 2021년 5월 3일에 코스피200, 코스닥150 지수에 포함된 대형주에 한해 재개될 예정이다. 우리나라 주식시장에서 공매도Short Stock Selling이 금지된 것은 이번이 세 번째이다. 첫 번째는 2008년 글로벌 금융위기, 두 번째는 2011년 유럽 경제위기, 그리고 이번이 세 번째이다. 공매도는 주가가 앞으로 하락할 것을 예상하고 없는 주식을 외상으로 빌려서 매수한 후 주가가 떨어지면 다시 되갚아 그 차익을 보는 것이다.

내국인은 2개월, 외국인 최대 1년으로 상환이 예정되어 있지만 상환 연장이 가능하다. 또한 다른 주식으로 되갚을 수 있기 때문에 기간 상환은 무의미하다.

개인들은 공매도를 할 수 없기 때문에 대주거래를 하는데, 위험이 크기 때문에 주의해야 한다. 대주거래란, 개별 종목의 주가가 떨어질 것으로 예상될 때 증권사에서 해당 주식을 빌려 판 뒤 주가가 판 가격보다 떨어지면 싼 가격에 똑같은 주식을 똑같은 수량만큼 사서 상환해 차익을 얻는 거래 방식이다.

지금은 공매도가 금지된 상태이지만 삼성전자의 경우 하루 일정 부분 공매도 물량이 거래되고 있다. 이는 프로그램 매매 차익 거래 때문이다. 프로그램 매매 차익 거래란, 현물을 팔고 선물을 사는 프로그램 매매 차익 거래의 방식으로 삼성전자의 경우 공매도 물량으로 거래되는 것이다. 다시 말해서 금융위원회에서 공매도 금지에도 불구하고 이런 예외 조항을 둔 것은 프로그램 매매라는 방식이 파생상품 시장에서 필요한 제도라고 인정하고 있기 때문이다. 하지만 금융위원회에서 증권사들에게 이런 예외 조항을 인정해주는 것은 경제 불확실성이 커진 상황에서 사태를 너무 안일하게 보는 것 아니냐는 문제로 지적되고 있다.

공매도법을 위반한 외국의 사례를 보면 미국은 과태료가 60억 원 또는 20년 이하의 징역형에 처하고, 독일은 7억 원의 과태료를 부과하는 등 중징계를 하고 있다. 하지만 우리나라에서는 무차입 공매도 등 공매도법을 위반할 때 1억 원의 벌금을 부과하고 있는데, 이런 경미한 처벌이 문제라고 생각한다. 이번 국회에서는 자본시장법을 꼭 개정하여 공매도에 대한 엄한 벌을 부과하기를 바란다.

일반인들은 공매도를 할 수 없기 때문에 최근 5,000만 원 이상 자산을 보유한 개인투자자들에게 전문투자자 자격을 주어 CFD 파생상품을 통한 공매도를 할 수 있도록 일부 문턱을 낮추기도 했다. 즉 대주주 양도세 회피 수단으로 이용되는 CFD 파생상품이 존재하고 있다는 것도 알아두는 것도 좋다.

앞으로는 개인들에게도 공매도 참여 기회를 많이 허용하겠다는 정책이 확대되는 것도 주목해야 한다. 공매도 상환기간에 때로는 주가가 강한 상승을 하기도 한다. 즉 공매도 상환기간에 매수가 들어가는 것을 쇼트커버링Short Covering이라고 하는데, 주가가 떨어질 것을 예측해 주식을 빌려 공매도했지만 반등이 예상되자 빌린 주식을 되갚으면서 주가가 상승하는 현상을 말한다. 이 기간에 주가가 강한 상승을 하기도 한다. 공매도가 시작되면 단기간에 주가가 크게 하락하는 원인이 될 수도 있고, 쇼트 커버링이 발생되면 주가가 크게 상승할 수도 있는 것이다.

공매도는 외국인과 기관투자자들만이 하고 있고, 개인투자자는 대주거래를 한다. 이때 어느 업종의 섹터 내에서 공매도가 많이 이뤄지고 있는지 꼭 확인하고, 종목도 반드시 확인한 후 매수에 참여해야 한다. 하지만 공매도 수량은 아주 소량이기 때문에 주가에 미치는 영향은 미미하다는 것을 알아두자.

자, 그럼 공매도가 어떻게 이뤄지는지 살펴보자.

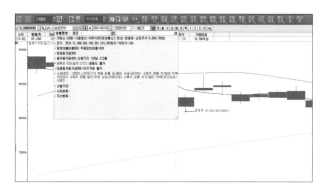

그림 2-56 삼성전자 세부사항

삼성전자의 현재가 창에서 종목명을 클릭하면 삼성전자와 관련 세부사항이 나온다. 여기서 공매도란을 클릭하면 관련 창이 나오면서 현재 공매도의 진행 여부를 알 수 있다.

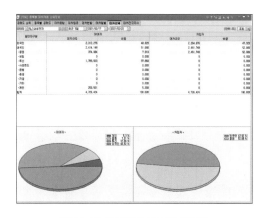

그림 2-57 삼성전자 종목별 공매도

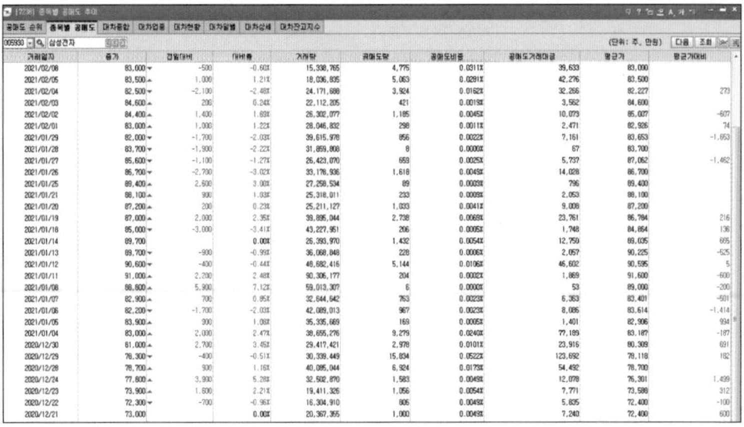

거래일자	종가	전일대비	대비율	거래량	공매도량	공매도비중	공매도거래대금	평균가	평균거래대비
2021/02/08	83,000	-500	-0.60%	15,398,765	4,775	0.031%	39,633	83,000	
2021/02/05	83,500	1,000	1.21%	18,036,935	5,063	0.028%	42,276	83,500	
2021/02/04	82,500	-2,100	-2.48%	24,171,688	3,924	0.016%	32,286	82,227	273
2021/02/03	84,600	200	0.24%	22,112,385	421	0.001%	3,562	84,600	
2021/02/02	84,400	1,400	1.69%	26,302,077	1,185	0.004%	10,073	85,007	-607
2021/02/01	83,000	1,000	1.22%	26,046,832	298	0.001%	2,471	82,926	74
2021/01/29	82,000	-1,700	-2.03%	39,615,978	956	0.002%	7,161	83,653	-1,653
2021/01/28	83,700	-1,900	-2.22%	31,059,968	6	0.000%	57	83,700	
2021/01/27	85,600	-1,100	-1.27%	26,423,070	669	0.005%	5,737	87,062	-1,462
2021/01/26	86,700	-2,700	-3.02%	33,176,936	1,618	0.004%	14,028	86,700	
2021/01/21	89,400	2,600	3.00%	27,258,534	89	0.000%	796	89,400	
2021/01/20	88,100	900	1.03%	25,316,011	233	0.000%	2,053	88,100	
2021/01/20	87,200	200	0.23%	25,211,127	1,033	0.004%	9,008	87,200	
2021/01/19	87,000	2,000	2.35%	39,895,044	2,738	0.006%	23,761	86,784	216
2021/01/18	85,000	-3,000	-3.41%	43,227,951	206	0.000%	1,748	84,864	136
2021/01/14	89,700	0	0.00%	26,393,970	1,432	0.005%	12,759	89,035	665
2021/01/13	89,700	-900	-0.99%	36,068,848	220	0.000%	2,057	90,225	-525
2021/01/12	90,600	-400	-0.44%	48,682,416	5,144	0.010%	46,502	90,595	5
2021/01/11	91,000	2,200	2.48%	90,306,177	204	0.000%	1,869	91,600	-600
2021/01/08	88,800	5,900	7.12%	59,013,307	6	0.000%	53	89,000	-200
2021/01/07	82,900	700	0.85%	32,644,642	763	0.002%	6,363	83,401	-501
2021/01/06	82,200	-1,700	-2.03%	42,089,013	967	0.002%	8,006	83,614	-1,414
2021/01/05	83,900	900	1.08%	35,335,669	169	0.000%	1,401	82,906	994
2021/01/04	83,000	2,000	2.47%	38,655,276	9,275	0.024%	77,105	83,187	-187
2020/12/30	81,000	2,700	3.45%	29,417,421	2,978	0.010%	23,916	80,309	691
2020/12/29	78,300	-400	-0.51%	30,339,449	15,834	0.052%	123,892	78,118	182
2020/12/28	78,700	900	1.16%	40,085,044	6,924	0.017%	54,492	78,700	
2020/12/24	77,800	3,900	5.28%	32,502,070	1,583	0.004%	12,078	76,301	1,499
2020/12/23	73,900	1,600	2.21%	19,411,325	1,056	0.005%	7,771	73,586	312
2020/12/22	72,300	-700	-0.96%	16,304,910	906	0.005%	5,825	72,400	-100
2020/12/21	73,000		0.00%	20,367,365	1,000	0.004%	7,240	72,400	600

그림 2-58 삼성전자 종목별 공매도

여기서 중요하게 봐야 할 대차거래이다. '대차상세'를 클릭해보면 〈그림 2-57〉과 같은 사항을 확인할 수 있다. 대여자와 차입자가 있고, 대차 규모를 보면 아직도 그 물량이 남아 있는 것을 볼 수 있다. 〈그림 2-58〉에서 삼성전자의 공매도 현황을 보면 개인은 모두 갚아나갔는데, 증권이나 외국인투자자의 대차 규모는 아직 남아 있는 것을 확인할 수 있다.

앞으로 공매도가 시행된다면 주가를 면밀히 살펴보면서 이 공매도 현황도 살펴봐야 한다. 주식시장에서 약자는 개미투자자들이다. 기관이나 외국인투자자들은 공매도 이외에도 다른 파생상품을 통해 엄청난 수익을 챙기고 있는 것 또한 현실이다. 이 점을 명심하고 주식투자를 할 때 많은 것을 연구하고 공부해야 이 험난한 주식시장에서 살아남을 수 있다.

대박난 박약사의
주식 처방 1

대박난 박약사가 종목을 선정하는
10가지 비법

종목을 선정할 때는 몇 가지 기준을 갖고 종목을 선정하는 습관을 들여야 한다. 좋은 습관은 엄청난 수익을 가져다준다. 여기서는 35년 동안 주식투자를 하면서 습득한 대박 나는 종목을 선정하는 10가지 기준을 소개한다.

1. 눌림목을 찾아라

대박 나는 종목을 선정하는 첫 번째 기준은 눌림목이다. 눌림목의 형태는 여러 가지가 있는데, 눌림목을 이용한 매매 기법은 Part 3 '눌림목은 대박의 신호'에서 자세히 설명하고 있다.

2. 매집의 흔적을 찾아라.

차트를 볼 때 매집의 흔적을 볼 수 있다. 6개월이나 1년 전부터 세력들은 준비를 하는데, 주가를 빠르게 올렸다가 빠르게 내리는 흔적을 볼 수 있다. 이를 매집봉이라고 한다. 그다음에 1~2개월 전부터 실질적으로 세력이 움직이는 돈이 들어와야 한다. 이런 것은 거래량으로 나타난다.

3. 미인주를 찾아라.

인기 있는 미인주를 매매해야 해야 수익을 거둘 수 있다.

4. 거래량의 특징주(500만 주 이상), 즉 거래가 특징적으로 나타나는 종목을 선정한다.

5. 주식을 선정할 때 어느 정도 강한 세력들이 핸들링하는 종목을 매매해야 한다.

거래대금이라든가 거래량으로 봤을 때 강한 종목, 강한 세력이 핸들링하는 종목들을 찾아야 한다.

6. 이동평균선이 정배열되어 있고, 모든 이동평균선이 수렴하고 있을 때를 주시해야 한다.

7. 상한가 종목을 추적하라.

하루하루 20~30개의 상한가 종목을 계속해서 추적해보고, 자신의 스타일에 맞는 종목이 있으면 그것을 매매하면 된다.

8. 음봉이 3개가 연달아 나온 후 다음에 양봉 십자가가 나오면 그 다음 날 매매에 임한다.

9. 둥둥섬을 찾아라.

한강섬같이 뚝 떨어진 캔들 모양이 있다. 즉 하락을 하다가 더 밑으로 한강섬같이 뚝 떨어진 캔들 모양이 나오는데, 그다음 날 반드시 주가가 상승한다.

10. 박스권을 탈출하는 종목을 선정한다.

앞에서 말한 10가지 유형을 익힌 후 차트를 분석하다가 이러한 패턴이 포착되었을 때 주식을 매매하는 것이 좋다.

Part 3

대박난 박약사의
매매 비법 처방전

대박 나는 주식, 무엇을 어떻게 언제
매매해야 할까?

INVESTMENT TECHNIQUE

시초가와 종가에 따라 매매하는 법이 다르다

주식을 매매하는 방법으로 시초가와 종가를 이용한 매매법이 있다. 모든 종목은 임자가 있다. 그 임자가 큰손인지 작은 손인지가 다를 뿐 모든 종목을 수시로 관리하는 세력이 있다고 볼 수 있다. 상한가도 그 주식의 임자가 만드는 것이다.

시초가에 매매하는 법

시초가는 당일 최초로 형성된 가격을 말하며, 종가는 하루 중 마지막에 형성된 가격을 말한다. 하루에 오르내릴 수 있는 주식가격에는 등락폭의 한계가 있다. 주가가 가격 등락 제한폭의 상한선까지 올랐을 때는 상한가, 하한선까지 내려갔을 때는 하한가라고 한다.

다시 말해 주식에서 상한가, 하한가는 하루에 오르고 내릴 수 있는 주식가격 등락폭의 한계를 뜻한다. 즉 하루 안에 주가가 최대한 올랐을 때와 내렸을 때를 의미하여, 현재 우리나라 주식시장에서 가격 제한폭은 전날 종가 기준으로 ±30%이다.

예를 들어 시가 1만 원인 종목이 상한가를 달성하여 장을 마감했다면 주가는 1만 3,000원이 되는 것이다. 그리고 하한가로 마감했다면 주가는 7,000원이 되는 것이다.

먼저 시초가 형성 과정을 살펴보자.

주식시장은 오전 8시 30분부터 시초가 형성의 전쟁이 시작된다. 물론 트릭을 쓰는 세력도 존재할 수 있지만, 오전 9시에 시초가가 형성된 다음 위로 가느냐, 아래로 가느냐의 갈림길에 놓이게 된다. 여기서는 주가가 하락으로 갈지 상승으로 갈지를 유추해볼 수 있는 몇 가지 신호를 포착해볼 수 있다. 그럼 상승이나 하락의 신호와 상황에 대해 살펴보도록 하자.

오전 9시 5분 전부터 5% 이상 갭 상승을 시키는 주가가 평소에는 물량이 10만 주에 불과하던 것이 30만 정도 물량이 추가되면서 계속해서 호가를 5, 6, 7% 정도 상승시킨다면 9시 장 시작과 더불어 바로 상승으로 턴하게 된다.

이 시초가는 세력이 만들기 때문에, 그 주식을 그날 띄우려면 5~6% 정도에서 갭 상승을 시킨 다음에 시초가보다 낮추려고 하지 않는다. 시초가에서 10만 주 정도 나왔던 물량이 30만 주나 40만 주가 되면서 호가를 올리며 유지한다면 주가가 상승하는 경우가 많다.

그림 3-1 시초가가 갭 상승으로 시작할 때

시초가가 형성된 후 위로 가느냐, 아래로 가느냐 이것이 굉장히 중요하다. 장 시작 1분 전과 2분 전에 주가 호가 상태의 흐름을 봤을 때 물량이 계속 출하되는데도 불구하고 호가가 위로 갔다면 분명히 그 주가는 시초가 형성 후 바로 위로 상승한다는 것을 의미한다.

그러나 일반적으로 평상시 시초가가 ±0.1~0.2% 정도 보합선에서 시작하는데, 시초가 물량이 소량으로 나왔음에도 불구하고 마이너스를 형성하는 경우도 있다. 그럴 때는 주가가 살짝 위로 갔다가 바로 하락한다. 즉 여기서 중요한 것은 5% 이상 갭 상승한 주가가 물량이 계속 출하되는데도 불구하고 9시가 될수록 호가가 높아진다면 분명 상승으로 간다는 것이다.

시초가가 형성된 거래가 이루어지기 때문에 이러한 개념을 통해 시초가가 형성된 다음 위로 가느냐, 아래로 가느냐를 판단할 수 있다. 그리고 이를 통해 시초가에서 잡고 매매해야 하느냐를 판단할 수 있다.

종가에 매매하는 법

종가에 대해서는 차트를 보면서 살펴보자.

〈그림 3-2〉는 종근당 5분봉 차트이다. 차트에서 볼 수 있는 것처럼 동시호가에서 가격을 밀어올려 종가를 만들었다. 마지막에 호가를 밀어올리는 주식들은 다음 날 상승할 가능성이 크다.

동시호가란 장전(08:30~09:00) 30분, 장 마감 전(15:20~15:30) 10분 동안 주문이 한꺼번에 쏟아질 때 단일가로 거래가 체결되는 것을 말한다(동시호가=단일가 매매). 이때는 가격 우선의 법칙과 수량의 우선의 법칙이 적용된다. 종가를 크게 상승을 시킨 다음 날 시초가에서 15~20% 이상 상승하면 그 종목은 무조건 시초가에 매도하는 것이 좋다.

차트를 보면 마지막에 종가를 계속 끌어올리고 있다. 이처럼 종

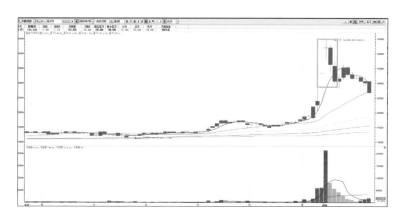

그림 3-2 종근당 5분봉 차트_동시호가로 종가를 끌어올리는

가 관리를 하는 종목들 중 5~7% 이상 호가를 올리는 종목들은 다음 날 시초가를 15~20% 올린 후 음봉으로 쭉 빼는 경우가 있다.

이런 종목들은 다음 날 시초가에 바로 매도하는 것이 좋다. 즉 종가를 올려놓은 주식이 다음 날 시초가가 5% 이상 상승한다면 시초가에 매도한다. 이 주식을 운용하는 세력이 아침 시초가부터 높게 띄워놓고 자신들의 물량을 매도하려는 것이다. 이런 점을 염두에 두고 주식을 매매해야 한다.

그런데 장 마감 무렵에서 종가가 하락하는 종목이 있다. 말하자면 물량을 많이 실으면서 하락해버리는 종목들이 있는데, 이런 종목들은 다음 날 분명히 주가가 하락하면서 시작한다는 것도 유의하자.

종가에 매매하면 좋은 패턴

그럼 종가에 매수/매도하면 좋은 패턴을 살펴보자. 단 종가에 매매할 때는 오늘의 추세를 보고 내일의 추세를 예측하여 판단하는 것이므로 단기적인 관점에서 접근하는 것이 좋다.

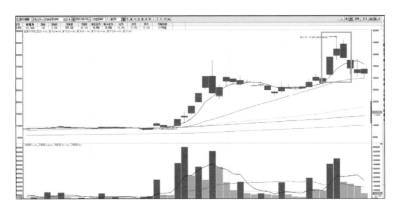

그림 3-3 진원생명과학

〈그림 3-3〉의 진원생명과학의 차트를 보자. 거래량이 실린 양봉이 나왔을 때 종가에서 매수해볼 만하다. 그런데 다음 날 아침 시초가가 높이 뜨고 윗꼬리가 달린 음봉이 나오며 거래량이 빠진다면 바로 매도해야 한다. 즉 거래량이 줄어들면서 이전 캔들의 몸통을 절반도 뚫지 못한다면 주가가 상승하기 힘들다는 것이다. 그런데 다음 날 거래량이 이전 거래량보다 높이 실리며 양봉이 나온다면 상승할 요인이 될 수 있다.

그림 3-4 대신정보통신

　〈그림 3-4〉의 대신정보통신의 차트를 보면 최고의 거래량이 나오면서 양봉이 나왔다. 이때 종가에 매수를 고려해볼 수 있다. 하지만 다음 날 시초가를 어느 정도 띄우고 꼬리가 달린 음봉이 나타났는데, 이날 바로 매도하는 것이 좋다.

　이처럼 거래량이 실린 양봉이 나왔을 때는 종가에 매수한다. 그리고 시초가가 위로 갔을 때 다음 날 봉의 몸통 크기를 보고 매도를 결정한다. 단 전날 거래량을 능가하는 장대양봉이 나왔을 때는 주가가 상승할 수 있다. 거래량이 어느 정도 실리면서 양봉이 나오면 보유하고, 거래량이 빠지면서 음봉이 나온다면 매도로 대응하는 것이 좋다.

주식을 매매할 때 주의해야 할 것

1. 증자가 발표되면 악재로 보고 매도하는 것이 좋다.
2. 증거금이 100%인 종목은 피한다. 즉 투자과열 종목과 경고 종목 또는 거래정지 종목으로 이어질 수 있기 때문에 피하는 것이 좋다.
3. 액면분할이 된 후에는 주가가 하락하기 때문에 액면분할 전에 주식을 매도하는 것이 좋다.
4. 1,000원 미만인 동전 주식은 매매하지 않는 것이 좋다.
5. 공매도 종목은 수직낙하가 발생할 확률이 매우 높기 때문에 매매하지 않는 것이 좋다.
6. 초단기 매매를 할 경우 거래량은 1,000만 주 이상은 되어야 한다.
7. 미수와 신용은 절대 금지한다. 만약 미수와 신용을 사용하려고 한다면 거래량이 1,000만 주 이상 되는 종목이어야 한다.

눌림목은
대박의 신호!

눌림목이란 장기 매매보다는 단기 매매에서 주로 사용되는 주식 거래 방법이다. 차트에서 주가가 상승할 때와 하락할 때, 즉 주가의 변동을 보면서 지속적으로 상승하던 주가가 한 번 내려갔다가 올라가는 지점이 있는데, 이때 내려가는 지점을 눌림목이라고 한다.

눌림목에는 몇 가지 패턴이 있는데, 대표적으로 음봉 2~3개가 연달아 나온 후 십자형 캔들이 나오는 지점이라고 할 수 있다.

그럼 먼저 몇 가지 눌림목 패턴을 살펴보자.

눌림목 패턴 1

〈눌림목 패턴 1〉은 주가가 올라가다가 살짝 내려간 후(이때 거래량 감소) 위로 올라가는 패턴이다. 동그라미 친 부분이 눌림목인데, 이 경우 첫 번째 산이 매우 높아야 한다. 주가가 높이 올라가지 않으면 제대로 된 눌림목을 형성하지 못한다. 현재는 눌림목이 형성되지 않았지만, 스타 종목들의 리스트를 작성해서 관심 있게 살펴보면서 눌림목 기회를 노려볼 필요가 있다.

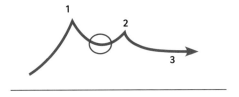

눌림목 패턴 2

〈눌림목 패턴 2〉는 주가가 상승하다가 살짝 하락하면서 눌림목을 준 후 상승하는 척하다가 옆으로 횡보하는 패턴이다.

눌림목 패턴 3

〈눌림목 패턴 3〉은 주가가 상승하다가 완전히 다시 처음의 지점으로 와서 거기서 눌림목을 주고 살짝 상승하는 것처럼 하다가 밑으로 떨어지는 모양이다.

눌림목 패턴 4

〈눌림목 패턴 4〉는 상승하다가 떨어져서 눌림목을 준 후 다시 한 번 살짝 상승하다가 옆으로 횡보하는 모양이다.

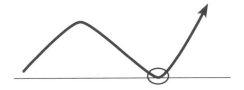

눌림목 패턴 5

진짜 눌림목이라고 하는 것은 상승할 때 산이 높아야 한다. 〈눌림목 패턴 5〉처럼 상승한 후 저점으로 쭉 빠진 다음 눌림목을 주고 다시 상승하는 모양이다. 이런 눌림목은 손색이 없다.

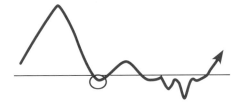

눌림목 패턴 6

〈눌림목 패턴 6〉은 상승하다가 한 번 떨어진 후 눌림목을 주고, 살짝 올라가는 척하다가 다시 하락하면서 밑에서 W자, 즉 쌍바닥을 만든 후 상승한다.

이렇게 몇 가지 눌림목 패턴이 있는데, 이때 공통점은 산을 하나 만든 후 눌림목이 나와야 한다는 것이다.

강하게 상승하는 주가는 단단하게 형성된 눌림목 구간이 있다. 즉 큰 시세를 내는 종목은 잠시 쉬어가는 눌림목을 형성하는데, 이때 가장 중요하게 봐야 할 것은 거래량이다.

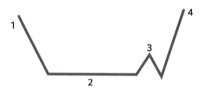

세력주 눌림목 패턴

일반적인 급등주의 눌림목 패턴은 위 그림과 같다. 또 이 급등주 눌림목 패턴을 거꾸로 놓고 보면 상승하다가 하락한 후 옆으로 횡보하다가 급등하는 모양을 만든다. 이런 패턴은 세력주나 급등주에서 볼 수 있다.

한 가지 중요한 것은 이동평균선이 정배열 상태일 때의 눌림목에서 큰 수익을 낼 수 있다는 것이다. 이때 거래가 완전히 바닥이 되면서 60일 이동평균선 아래로 주가가 하락하다가 눌림목이 형성되는 경우가 있다.

또 20일 이동평균선과 60일 이동평균선의 이격이 클 때 주가가 60일 이동평균선까지 하락하면서 눌림목이 형성되는 경우가 있다. 이런 눌림목을 잘 잡아서 거래하면 큰 수익을 거둘 수 있다.

눌림목에서 가장 중요한 것은 거래량이며, 주가가 크게 상승했다가 첫 번째로 주가가 떨어졌을 때가 가장 좋은 눌림목이라고 볼 수 있다. 장기 매매보다는 단기 매매에서, 거래소보다는 코스닥 종목에서 눌림목의 기회를 이용하는 것이 좋다. 또한 큰 시세를 냈던 종목들 중에서 이러한 눌림목의 기회를 이용할 수 있는 종목을 선정한다면 큰 수익을 낼 수 있다.

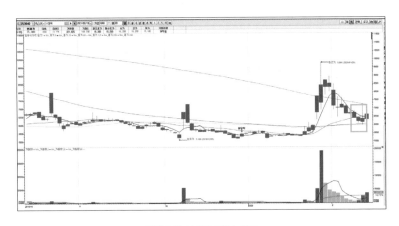

그림 3-5 수젠텍 일봉 차트

수젠텍 차트를 보면 주가가 상승했다가 하락하면서 20일 이동평균선 밑으로 살짝 깼다. 이처럼 20일 이동평균선과 60일 이동평균선의 이격이 크지 않을 때 20일 이동평균선을 살짝 깨는 경우가 눌림목이다. 이때 거래량이 줄어들면서 봉의 크기가 작으면 작을수록 좋다.

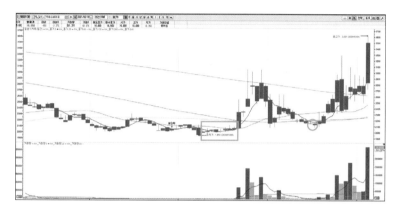

그림 3-6 엑세스바이오 일봉 차트

거래 바닥, 주가 바닥인 곳이 눌림목이다. 〈그림 3-6〉 엑세스바이오의 차트를 보면 주가 넘던 주식이 200만 주로 떨어지면서 눌림목을 형성한 이후 주가가 상승하는 것을 볼 수 있다. 이처럼 크게 상승했다가 하락하는 종목 중 눌림목을 형성하는지 유심히 살펴봐야 한다.

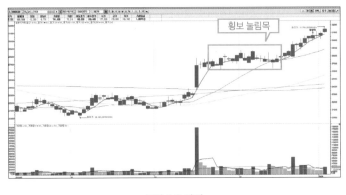

그림 3-7 씨젠

〈그림 3-7〉의 씨젠 차트를 보면 크게 상승시킨 후 옆으로 횡보하고 있다. 이때 이동평균선이 모두 정배열 상태로 눌림목을 형성하고 있다. 이런 패턴을 보이는 종목이 큰 시세를 낼 수 있다.

〈그림 3-8〉의 케이엠제약 차트를 보면 횡보 눌림목의 대표적인 패턴이다. 한 번 거래량이 터진 이후 잔잔한 거래량이 유지되다가 주가가 크게 상승하는 것을 볼 수 있다.

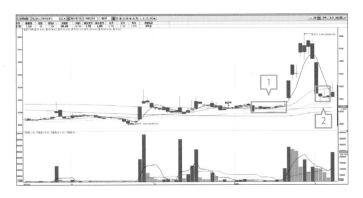

그림 3-8 케이엠제약

이후 또 한 번의 눌림목이 나왔다. 이렇게 횡보 눌림목 패턴을 보이는 종목을 잘 살펴보는 것이 좋다. 큰 수익을 내기 위해서는 횡보 눌림목에서 매수해야 한다.

케이엠제약의 차트를 보면 두 번의 눌림목을 확인할 수 있다. 첫 번째 횡보 눌림목과 두 번째 음봉이 2~3개 연달아 나온 후 십자형 캔들로 눌림목을 주었다. 이런 종목을 발굴해 매매한다면 큰 수익의 기회가 될 수 있다.

다시 한번 말하면 눌림목이 어디인지를 찾기 위해서는 거래량을 확인해야 한다. 거래가 바닥이 됐을 때 십자가, 음봉이 3개 난 후 십자가 캔들이 나올 때가 눌림목으로 이때 기회를 잡는 것이 좋다. 특히 횡보 눌림목과 이동평균선이 정배열 상태일 때의 눌림목에서 큰 수익을 낼 수 있다는 것도 명심하자.

이처럼 눌림목 구간을 잡아서 기다린다면 큰 수익을 낼 수 있다. 주식에서 큰 수익을 내려면 단타에 연연하지 말고 눌림목에서 잡아놓고 기다리는 것도 좋다.

거래량 지표로 보는 눌림목

눌림목 매매를 할 때 거래량 보조지표 중 VR(Volume Ratio)과 OBV(On Balance Volume)지표를 참고할 수 있다. VR은 상승할 당시의 거래량과 하락할 당시의 거래량을 나타낸다. 예를 들어 VR이 200%라는 것은 주가가 상승한 날의 거래량이 주가가 하락한 날의 거래량의 2배라는 의미이다. VR이 75% 미만이면 침체 구간으로 매수, VR이 300% 초과하면 과열 구간으로 매도 포지션을 취한다.

OBV는 주가가 상승했을 때 거래량이 증가하는지, 감소하는지를 알려주는 보조지표이다. 주가가 상승 추세일 때 거래량이 증가하면서 OBV 고점이 높아지고, 하락 추세일 때는 거래량이 줄어들면서 저점이 낮아진다. 즉 주가와 OBV는 같은 움직임을 보이는데, 주가와 OBV가 상승 추세일 때 VR지표가 급락하는 구간을 눌림목으로 볼 수 있다. 이때 VR이 바닥을 찍고 상승 전환할 때를 매수 시점으로 잡을 수 있다.

상승하는 종목은 거래량이 증가하면서 오를 때 진정한 상승 추세라고 할 수 있다. 반대로 상승할 때 거래량이 실리지 않는다면 언제든 하락할 수 있다. 대체로 양봉일 때는 거래량이 많이 붙고, 음봉일 때는 거래량이 빠지는데, 거래량 없이 하락한다면 눌림목이라고 볼 수 있다.

상승 국면으로 전환할 때의
주가 패턴

주식을 매매하는 방법에는 여러 가지가 있는데, 그중에는 추세 매매가 있고 정성적인 매매 방법 등이 있다. 이 책에서는 주로 추세 매매에 대해 살펴볼 것이다.

일반적으로 상승 곡선에서 장기 투자할 때 추세 매매를 많이 한다. 추세 매매를 살펴보기 전에 먼저 바닥에서 상승 국면으로 전환할 때 주가 패턴에 대해 살펴보도록 하자.

주가는 계속해서 상승하지도 하락하지도 않는다. 상승했다가 하락하고, 하락했다가 상승하기도 한다. 주가가 하락하다가 바닥에서 상승으로 턴하려는 징조가 있는데, 다음과 같은 경우이다.

1. 수급의 변화

2. 이동평균선이 상승 곡선을 그리는 경우

3. 외국인투자자들의 과감한 순매수, 즉 며칠 동안 5,000억 원이나 1조 원 정도의 순매수가 들어올 때

위와 같은 조건에서 주식은 상승으로 전환하게 된다.

이런 조건을 바탕으로 차트에서 주가가 상승으로 전환하는 패턴을 찾아보자. 주가가 상승으로 전환할 때의 패턴은 다음과 같이 5가지로 정리해볼 수 있다. 이때 종합주가지수는 1,500포인트로 가정한다.

1,500p

상승 전환 패턴 1

주가가 하락했다가 약간 반등한 후 조정을 받다가 상승으로 턴하는 경우이다. 이런 패턴을 보이는 경우, 예를 들어 종합주가지수가 1,500포인트라고 할 때 1,200포인트나 1,300포인트 언저리가 매수의 기회가 된다.

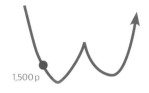

상승 전환 패턴 2

W자(이중바닥) 패턴으로 하락 추세에서 상승 추세로의 전환을 의미한다. 이때 두 번째 바닥의 저점이 첫 번째 바닥의 저점보다 높아야 한다.

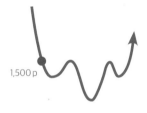

상승 전환 패턴 3

세 번째 패턴은 양쪽에 어깨가 있고, 아래 계곡이 있는 모양이다. 계곡이 원점으로 형성돼 양쪽으로 어깨가 형성되는 패턴으로 역헤드앤드숄더형이라고도 한다.

상승 전환 패턴 4

네 번째는 L자 패턴이다. L자 모양으로 하락한 후 횡보하다가 상승하는 모습을 보인다. 즉 오랫동안 횡보하면서 상승하기 위한 에너지를 비축하는 것이다.

상승 전환 패턴 5

다섯 번째 패턴은 주가가 올라갔다가 어느 정도 하락한 후 횡보하다가 상승하는 패턴이다. 예를 들어 주가가 올라갔다가 1,200~1,300포인트 정도까지 빠진 후 다시 상승하다 떨어져 1,350포인트에서 횡보하다 상승하는 것이다.

물론 이 5가지 패턴 이외에도 다른 패턴들이 있다. 이때 중요한 것이 외국인투자자들이 주식을 많이 사는지, 기관투자자들이 매도하는지 등도 수급에 상당한 영향을 주기 때문에 주시해야 한다.

바닥에서 주가가 상승할 때는 지수 관련 대형주에 베팅을 하고, 어느 정도 자금이 있고 지수가 안정되면 중형주나 소형주 쪽으로 투자하는 것이 좋다. 장기적인 관점에서 투자할 때는 대형주 위주로 3종목 정도를 선정해서 저점에서 베팅하는 것이 좋다.

다시 한번 말하자면 상승 패턴으로 전환될 때에는 3~4종목의 대형주를 선정해 저점에서 잡은 후 매매하는 것이 좋다.

그리고 주가가 5일, 20일, 60일, 120일 이동평균선에 수렴할 때는 주가가 하락하지 않고 대기한다는 뜻이다. 다시 한번 하락할 수도 있고, 횡보할 수도 있고, 상승할 수도 있다. 5일, 20일, 60일, 120일 이동평균선이 상승 패턴으로 턴하기까지는 2개월 정도의 시간이 걸린다. 때문에 인내심을 가지고 기다린다면 분명 매수하기에 좋은 저점 매수 구간과 기회가 올 것이다.

하락 국면으로 전환할 때의 패턴

주식은 추세가 중요한데, 큰 그림으로 봤을 때 이 추세를 이탈하면 주가가 하락으로 접어든다.

상승하던 주가가 고점에서 하락할 때는 장대음봉이 출현한다. 그리고 양봉은 줄어들고 음봉의 몸통은 길어지는 모양새를 볼 수 있다.

그림 3-9 LG전자

2017년 LG전자 차트를 보자. 추세선을 그려보면 전체적으로 쌍봉을 그리며 주가가 하락하는 모습을 볼 수 있다. 이후 주가가 상승하려면 추세를 맞고 상승해야 하는데 추세를 이탈하고 주가가 그대로 하락하고 있다.

주식에서 추세는 중요한데, 일반적으로 상승하던 주가가 고점에서 하락할 때는 장대음봉이 많이 출현한다. 그리고 양봉의 몸통은 줄어들고 음봉의 몸통이 길어질 때는 주가가 하락한다는 신호로 볼 수 있다.

하락장에서 통하는 거꾸로 투자법

주가가 바닥을 기는 하락장에서 손절매를 해서 큰 손실을 보는 경우가 있다. 하지만 이때가 오히려 투자를 해야 할 기회가 될 수 있다. 반대로 주가가 크게 상승할 때 매수하고 싶은 충동이 드는데, 이때는 매도 타이밍으로 봐야 하는 경우도 있다. 이것이 거꾸로 투자법이다. 이를 위해서는 많은 매매 경험이 필요하다. 이 원리를 주식시장에 적용하여 약세장에서 남들과 다른 심리로 접근하면 큰 이득을 볼 수 있다. '공포를 사라'는 말처럼, 20일 이동평균선을 지지하는 종목들을 주목해서 살펴보면서 이런 투자 기회를 잡아보자.

단기 매매를 위한
VI 발동과 5분봉 차트 매매법

VI Volatility Interruption, 변동성 완화장치는 주식시장에서 개별 종목 주가가 급격하게 변동이 일어날 때 주가의 급변을 막는 가격 안정화 장치이다. VI는 동적VI와 정적VI로 나뉜다.

동적VI는 체결가 대비 갑자기 2~3% 이상으로 주가가 상승할 때, 누군가 갑자기 대량 주문을 넣을 경우에 2분간 단일가 매매(일정 시간 동안의 주문을 모아 일정 시점에 단일가로 체결하는 것)로 전환되는 것을 말한다. 동적VI가 발동되면 수급 불균형 등 주가의 일시적 변동성을 완화하는 역할을 한다.

정적VI는 전일 종가 대비 10% 이상 주가가 변동할 때 발동한다. 이때에도 2분간 단일가 매매로 전환된다. 정적VI는 장기간의 가격 변동을 완화하는 역할을 한다.

여기서 우리는 정적VI에 대해 주로 살펴볼 것이다. 그렇다면 이런 VI가 발동되었을 때 이를 어떻게 매매에 이용할 수 있을까?

VI 발동 이후 눌림목이 나올 때 매수하는 것이 승률이 높다. VI 발동 이후 마지막 지지선은 상승폭의 50% 수준으로 설정하고, 그 이하로 하락하면 매수하지 않는 것이 좋다.

VI가 발동된 종목은 주로 단타 매매로 접근하는 것이 좋고, 목표수익률은 7~10% 전후로 설정하는 것이 좋다. 설정한 목표수익률보다 주가가 하락하기 시작하면 과감하게 수익을 실현한다.

VI가 발동했을 때 매수하면 좋은 패턴

VI가 발동된 후 언제 매수하면 좋을까? 주가가 계단식 또는 단계적으로 상승하는 종목에서 VI가 발동되었을 때는 이후 거의 상승할 확률이 높다.

VI가 발동했을 때 매수하면 안 되는 패턴

VI 발동시점 ─

평행선으로 횡보하던 주가가 어느 순간 수직으로 상승한 종목에서 VI가 발동되었을 때 만약 그 종목을 보유하고 있다면 빨리 수익실현을 하는 것이 좋다. 이때는 절대 추격 매수해서는 안 된다.

다시 말하면 횡보하던 주가가 수직 상승하다가 VI가 발동되면 보유한 종목은 매도하고, 다시 하락한다고 해도 매수해서는 안 된다. 하지만 주가가 계단식으로 상승하는 종목은 VI가 발동된다고 해도 눌림목에서 매수한다면 어느 정도 수익을 거둘 수 있다. 하지만 큰 수익률을 기대하지 말고, 단타로 매매하는 것이 좋다.

상승 VI에 대응하는 법

상승 VI는 모든 종목에서 나타나는 것은 아니지만, 90% 이상에서 나타나므로 잘 이해해두는 것이 좋다. 하락장세와 약세장에서 상승 VI가 발동됐을 때에는 어떻게 대응하는 것이 좋을까?

첫째, 보유 물량의 2분의 1 정도는 시장가로 매도한다.

1만 원짜리 주식이 1만 1,000원까지 상승하면 상승 VI가 발동된다. 상승 VI가 발동되면 1만 800원~1만 1,200원 사이에 형성되는 가격으로 인해 호가가 변동된다. 이때에는 시장가로 매도하는 것이 좋다. 1만 주 정도를 보유하고 있다면 상승 VI가 발동되었을 때 5,000주 정도는 시장가로 매도하고 5,000주 정도는 흐름을 보며 대응하는 것이 좋다.

세력들이 상승 VI가 발동된 후 주가를 상승시킬 것이냐, 하락시킬 것이냐는 1~2분 정도 주가 흐름을 보면 확인할 수 있다. 하지만 바로 대응하는 것은 매우 어렵다. 때문에 매수/매도 호가를 잘 관찰 면서 호가를 상승시킨다면 보유 물량의 절반 정도는 매도하는 것이 좋다.

둘째, 아침 시초가가 10% 정도 갭 상승한 종목은 25% 정도에서 상승 VI가 발동되는데, 이 경우에는 전량 매도하는 것이 좋다.

단기 매매를 하는 투자자들을 위해 5분봉 차트를 보면서 매매하는 법에 대해 알아보자.

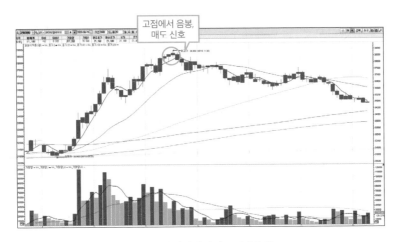

그림 3-10 에이비엘바이오 5분봉 차트

에이비엘바이오 5분봉 차트를 보면 조정을 받던 주가가 쭉 상승했는데, 고점에서 봉의 몸통이 짧아지는 것을 볼 수 있다. 고점에서 봉이 짧아지면 주의해야 한다. 이때부터 거래량이 줄어들면서 주가가 하락하는 모습을 볼 수 있다.

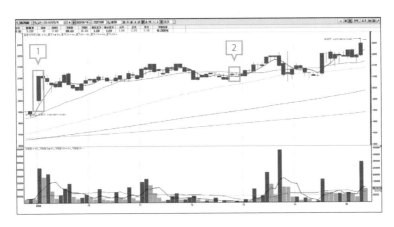

그림 3-11 티사이언티픽

티사이언티픽의 5분봉 차트를 보면 양봉으로 세워놓고 갭 상승한 종목이다. 일단 갭 상승한 종목은 힘이 있다. 차트를 보면 갭 상승한 후 저점을 계속 높이면서 주가가 상승하는 모습을 볼 수 있다. 만약 1에서 매수했다면 2 정도 부근에서 추가 매수해볼 수 있다. 하지만 전량을 매수해서는 안 된다. 이처럼 계단식으로 저점이 높아지는 종목에서 큰 수익을 낼 수 있다.

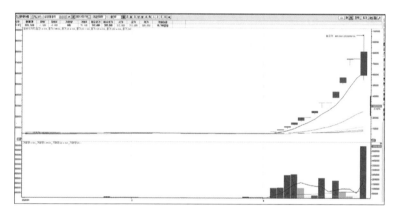

그림 3-12 삼성중공업우

삼성중공업우 차트를 보면 상한가가 10번 정도 났고, 2번 거래정지가 되었다. 그럼에도 계속해서 상한가를 기록하고 있다. 잠자리형 도지 캔들이 나온 후 거래 정지되고, 양봉을 세운 후 갭 상승을 하면서 또 상한가로 갔다. 하지만 이때 거래량이 많지 않게 상한가를 만들었기 때문에 다음에는 하종가(주가가 15% 하락한 상태로 장을 마감한 것)로 마감할 수 있다. 하종가로 마감했을 때 절대 매수해서는 안 된다. 이런 경우에는 반드시 실거래량을 확인해야 한다.

　이런 패턴을 보이는 우선주 종목들이 많다는 것은 장이 좋지 않다는 것을 의미한다. 우선주를 매매할 때는 상승한 이후 하락할 때에는 절대 들어가서는 안 된다.

분봉 차트에서 알아야 할
매매 기법

차트를 분석할 때 주봉과 일봉을 주로 보지만, 분봉도 함께 보는 것이 좋다. 그 이유는 매수가와 매도가를 보는 데 편리하기 때문이다. 일봉 차트로 주가의 변화 추이를 살펴보다가 매수/매도를 결정할 때 분봉 차트를 참고하는 것이 좋다.

그럼 분봉 차트를 이용하는 매매 기법에 대해 살펴보자.

먼저 5분봉 차트를 보면서 매수할 때 저점을 어떻게 잡고 매수해야 하는지에 대해 살펴보자.

첫째, 음봉으로 떨어질 때는 매수하지 말고, 양봉으로 떨어질 때 매수하는 것이 좋다.

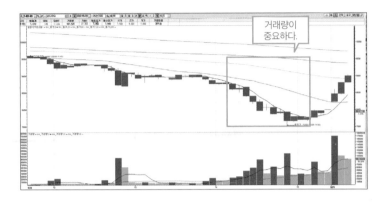

그림 3-13 비디아이 5분봉 차트

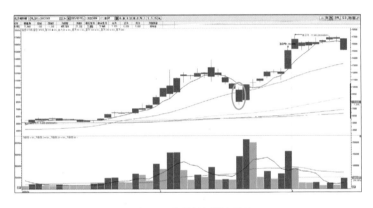

그림 3-14 비디아이 일봉 차트

〈그림 3-13〉의 비디아이 차트에서처럼 주가가 떨어지고 있는데 어디를 저점으로 잡고 매수해야 할까. 이때 기억해야 할 것은 음봉으로 떨어질 때는 매수하지 말고, 양봉이 나왔을 때를 저점으로 잡아야 한다는 것이다. 음봉으로 떨어질 때는 절대 매수해서는 안 된다. 거래량이 실린 음봉이 나온 이후 양봉이 나왔지만 거래량이 실

리지 않았다. 그리고 다음에 거래량이 조금 증가하며 음봉이 나왔다. 음봉이 나왔으므로 조금 더 기다려보는 것이 좋다.

그리고 십자 캔들이 나왔을 때 분할매수를 해볼 수는 있다. 하지만 다음에 음봉이 나왔으므로 다음 캔들을 보는 것이 좋다. 양봉이 나왔지만 이전 거래량에 미치지 못한다. 이후 아래꼬리가 달린 음봉이 나오면서 거래량이 실렸다. 양봉이 나오고 음봉이 나왔는데, 이때 이전 저가를 깨면 안 된다. 그리고 양봉으로 섰을 때 매수하는 것이다. 이렇게 5분봉 차트를 보면서 저점을 잡고 매수하는 법을 익혀야 한다. 〈그림 3-14〉는 5분봉 차트를 일봉 차트로 봤을 때로, 원으로 표시한 부분이 5분봉 차트에 해당하는 부분이다. 이후 주가가 두 배 정도 상승하는 것을 볼 수 있다.

둘째, 쌍봉일 때는 이전 고점과 거래량이 비슷해야 주가가 상승할 여력이 있다.

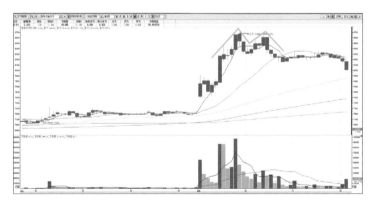

그림 3-15 램테크놀러지

〈그림 3-15〉의 램테크놀러지의 차트를 보년 쌍봉의 모습을 확인할 수 있다. 하지만 두 번째 봉우리의 양봉은 가짜다. 이전 고점의 거래량을 능가하면서 올라갔다면 주가는 상승할 수 있지만, 이전 거래량을 능가하지 못하면 주가는 상승하지 않는다. 이처럼 쌍봉일 때는 거래량을 반드시 확인해야 한다.

셋째, 5일 이상 양봉으로 가던 주가가 음봉이 나오면 나올 때 매도하는 것이 좋다.

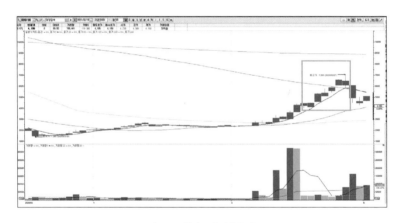

그림 3-16 대양금속 일봉 차트

대양금속의 일봉 차트를 보면 5일 이상 양봉으로 상승하다가 음봉이 나왔다. 이때를 매도 시점으로 잡는 것이 좋다.

〈그림 3-17〉의 피에스케이 5분봉 차트에서도 윗꼬리가 달린 양봉이 계속 나오다가 음봉이 나왔을 때가 매도하는 시점이다.

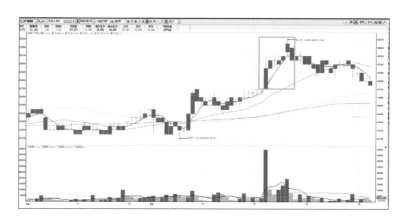

그림 3-17 피에스케이 5분봉 차트

넷째, 아침 장이 시작하기 전에 허매수 주문을 주의해야 한다.

예를 들어 장이 시작되고 매수 잔량이 50만 주 정도 되는데 주가는 1%도 안 되게 상승했다면 이는 허매수로 봐야 한다. 50만 주 정도 매수 잔량이 있다면 주가가 4~5% 정도는 갭 상승해야 한다.

다섯째, 5분봉 차트에서 시초가가 5% 이상 상승한 종목에서 주가가 오르락내리락한다면 이런 종목의 주가는 하락한다고 봐야 한다.

주식은 기다림의 연속이라고 한다. 주식 매매는 어려운 것이다. 상승의 순간은 잠깐이고, 하락의 시간은 긴 터널과 같다. 하락하는 주가는 말이 없다. 때문에 큰 욕심을 부리지 말고 적당한 수익에 만족할 줄도 알아야 한다.

이처럼 분봉 차트를 보면서 매수/매도 포인트를 잡을 수 있다. 다시 한번 강조하지만 주가가 하락하는 종목에서 저점을 잡아 매수할 때는 음봉으로 섰을 때가 아니라 양봉으로 섰을 때를 저점으로 잡고 매수해야 한다.

하지만 이때도 거래량을 반드시 확인해야 한다. 이전 고점의 거래량을 능가하지 못한다면 주가는 상승하지 않는다. 그리고 5일 이상 양봉으로 가던 주가가 음봉이 나온다면 이때는 매도해야 한다. 분봉 차트를 보면서 이 3가지만 기억한다면 잃지 않는 투자를 할 수 있다.

분봉 차트에서 매도 시점 찾는 법

상승하는 종목들이 고점에서 물리지 않으려면 순발력 있는 매매를 해야 한다. 상승하던 주가가 고점을 형성하는 모양을 보면 상승하다 조정을 받은 후 다시 고점을 회복하지 못하는 경우가 있다. 그 순간 빠르게 이익을 실현해야 한다.

〈그림 3-18〉의 현대건설 차트를 보자.

현대건설 2분봉 차트(2021년 1월 12일)에서 보면 11시 안으로 거의 거래가 종료된 것을 볼 수 있다. 그 안에서 거래량이 최고로 많은 순간이 고점으로, 이후 매매하지 않는 것이 좋다.

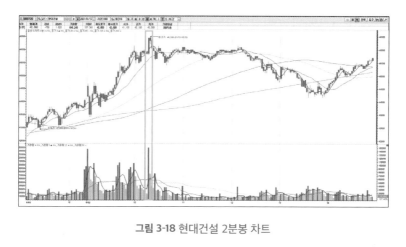

그림 3-18 현대건설 2분봉 차트

이날 양봉으로 서면서 거래량이 가장 많을 때가 최고점으로, 이후 매매하지 않는 것이 좋다.

그림 3-19 우리산업 2분봉

〈그림 3-19〉의 우리산업 2분봉 차트를 보자. 마찬가지로 주가가 상승하다가 11시 안으로 양봉으로 서면서 거래량이 터진 후 음봉이 나오며 주가가 하락하고 있다.

분봉 차트를 이용해서
종목을 선정하는 방법

분봉 차트는 주로 단기 매매를 할 때 참고하는데, 이익을 낼 수 있는 분봉 차트 활용법에 대해 살펴보자.

첫째, 분봉 차트를 이용하여 단기 매매할 때는 1시 30분 이후에는 가급적 단기 매매는 자제하는 것이 좋다. 12시를 기점으로 꺾이는 종목이 있는가 하면, 어느 종목은 1시 30분 이후에 꺾이는 종목도 있기 때문이다. 때문에 15% 이상 급등한 종목은 이익을 실현하고, 오후 장에서는 매매를 자제하는 것이 좋다.

둘째, 스캘핑이나 단타 매매를 할 때에는 최소한 하루 거래량이 1,500만 주 이상 되는 종목을 선정해야 한다. 100만~200만 주로 거래되는 종목으로 단타 매매를 한다면 손해볼 확률이 높다.

셋째, 시초가가 10% 이상 갭 상승으로 출발하여 고점을 유지하며 2시까지 20% 아래로 밀리지 않는 종목들은 상한가로 갈 수 있는 확률이 높다.

넷째, 세력들이 자신들이 이익을 위해 시초가를 높이 형성해놓은 종목들은 매매하지 말아야 한다.

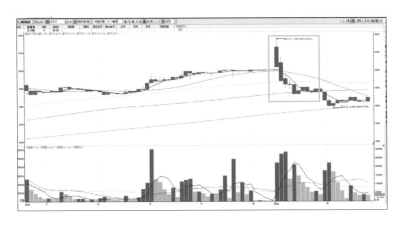

그림 3-20 쌍용차 5분봉 차트

쌍용차 5분봉 차트를 보면 아침 장이 시작되자마자 거래량이 실리면서 바로 상승시켰다. 이런 식으로 나타나는 것은 세력이 개입한 것으로 볼 수 있기 때문에 이런 때는 매수하지 않는 것이 좋다. 거래량이 실리면서 봉의 몸통을 키우는 종목들은 세력의 개입한 것

이므로 주의해야 한다. 이렇게 세력이 미는 종목들은 표시가 나게
된다.

다섯째, 일봉 차트에서는 최근 한 달 동안 양봉의 길이가 크게 많
이 나온 종목들을 선정하는 것이 좋다.

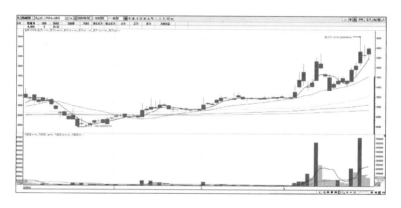

그림 3-21 카이노스메드

카이노스메드의 일봉 차트를 보면 봉의 길이가 긴 것을 볼 수 있
다. 봉의 길이가 짧은 종목은 선정하지 않는 것이 좋다. 이렇게 양봉
의 길이가 길게 나타나는 패턴을 보이는 종목들을 선정하여 스캘핑
Scalping이나 단타 매매로 접근해보는 것이 좋다.

여섯째, 고점에서 꺾이는 종목은 그날 매매하지 말아야 한다.

그림 3-22 두산퓨얼셀 5분봉 차트

두산퓨얼셀 5분봉 차트에서 볼 수 있는 것처럼 20일 이동평균선 아래로 주가가 하락하며 꺾이고 있다. 이때부터는 매매해서는 안 된다.

일곱째, 〈그림 3-22〉의 두산퓨얼셀의 차트에서 세력이 보유하고 있는 물량을 매도하는 방법을 보면 계속해서 음봉이 나다가 양봉이 난다. 주가가 계속 하락하면서 음봉이 나오다가 십자 모양의 양봉을 만들었는데(2), 이때 개미투자자들이 많이 걸려든다.

이후 아래꼬리가 달린 조그만 양봉을 만들면서 세력들은 자신들이 가진 물량을 매도한다. 이후 음봉으로 빠져버린다. 이처럼 한 번 꺾인 종목은 매매하지 않는 것이 좋다.

여덟째, 저점이 계속 높아지는 종목을 매매한다.

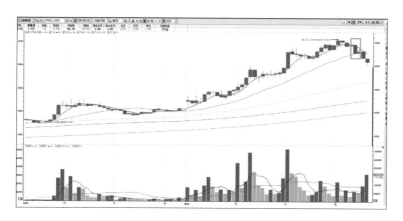

그림 3-23 카이노스메드 5분봉 차트

카이노스메드 5분봉 차트에서 보는 것처럼 저점이 계속해서 높아지는 종목을 매매하는 것이 좋다. 저점이 깨지지 않으면 계속 보유하다가 고점에서 20분 이동평균선을 깰 때 매도한다. 한 번 꺾인 주가는 곧바로 다시 상승하기 쉽지 않기 때문이다.

아홉째, 수직 상승하는 종목은 추격 매수를 자제한다.

〈그림 3-24〉의 케이시티 5분봉 차트를 보자. 거래량이 터지면서 장대음봉으로 세우는 것은 세력이 매수하는 것이다. 이후 음봉으로 빠지면서 주가가 하락하는 경우가 있는데, 이런 패턴을 보이는 종목은 매매하지 않는 것이 좋다.

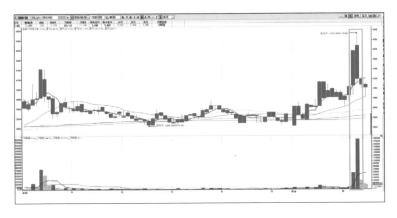

그림 3-24 케이시티 5분봉

열 번째, 세력은 허매수 물량을 쌓아놓고 매수를 유도한 뒤 한 호가 아래에서 대량 매도 주문을 넣어둔다.

MTS나 HTS에서 매수/매도 주문을 넣기 전에 볼 수 있는 호가창이 있는데, 주식을 매수하거나 매도하기 위해 접수된 주문을 표시해놓은 창이다.

호가창을 보면 현재 매수/매도가 일어나고 있는 시점에서 시장가가 어떻게 형성되고 있는지, 그리고 체결강도는 어느 정도인지, 매수/매도세 등을 확인할 수 있다. 하지만 매수 호가창에서 호가 잔량이 많다고 해서 안심해서는 안 된다.

즉 세력은 한 호가 아래에서 매수호가를 대량으로 쌓아두고 자신은 매도하면서 매수를 유도한다. 호가창을 볼 때는 이런 점을 유의해서 살펴봐야 한다.

이런 종목은 사지 말자

주식투자를 할 때 되는 종목에서 수익을 내야 한다. 아무리 장이 좋아도 수익이 나는 종목이 있고, 수익이 나지 않는 종목이 있다. 안 되는 종목은 과감히 자를 줄 알아야 주식시장에서 살아남을 수 있다. 폭발적인 장세에도 역배열로 흐르는 종목을 잡고, 언젠가 올라갈 것이라고 기다리고 있는 투자자들이 많다. 그런 종목을 잡고 있다면 방향을 다시 설정해서 수익이 나는 종목을 보는 눈을 키워야 한다.

첫째, 거래량이 밋밋한 종목들은 크게 비중을 두지 않는 것이 좋다. 이런 종목들은 주가가 상승하더라도 다음 날 바로 하락할 수 있다.

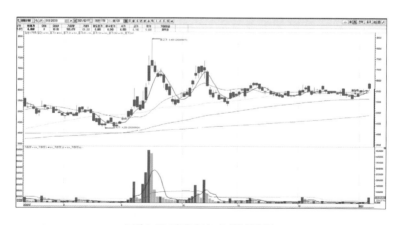

그림 3-25 거래량이 밋밋한 종목들

둘째, 거래량이 밋밋하고 고봉에서 꺾인 종목들은 피해야 한다.

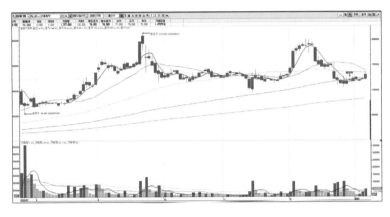

그림 3-26 고봉에서 꺾인 종목

우상향으로 가고 있는 종목 중에서 한 번 꺾인 종목은 다시 상승할 수 있는 여력이 있을 수 있다. 하지만 하락 추세로 접어든 종목에서 고봉에서 한 번 꺾인 종목은 상승할 여력이 없다.

허매수와 허매도 구별하는 법

허매수와 허매도란 매매할 의향이 없으면서 대량 거래를 주문으로 걸어놓은 것을 말한다. 매도량이 많아지면 개인투자자들은 겁을 내고 서둘러 보유 주식을 팔 것이고, 그러면 주가는 하락할 것이다. 이렇게 세력들이 가격을 내려 매수하려는 행태이다.

허매수는 매수할 의향이 없으면서 대량 매수 주문을 내는 것이다. 매수량이 많으면 개인투자자들이 서둘러 주식을 살 것이고, 그러면 가격이 오를 것이다. 이때 주식을 보유한 세력이 주가를 올리거나, 오른 가격에 주식을 매수할 때 하는 행태이다.

허매수 구분
매수량이 월등히 많은데 주가가 계속 하락하는 경우
매수세가 계속 유입되는데도 매도잔량이 줄지 않는 경우
허매수가 들어오고 빠져나가면서 저점을 높여가는 경우

허매도 구분
매도량이 매우 많음에도 상승세를 유지하는 경우
허매도가 들어오고 빠져나가지만 주가는 그 자리인 경우

거래량을 이용해 매일 4~10%의 수익을 내는 비법

증시에서 가장 중심이 되는 핵심주를 매매할 때 큰 수익을 낼 수 있는 경우가 많다. 이처럼 세력이 확실하게 붙어 있는 핵심 종목들을 단기 매매로 수익 내는 방법에 대해 알아보자. 거래량이 400% 이상 급등한 종목을 찾아 매매하는 방법으로, 단기 매매에서 고수익을 낼 수 있는 최고의 방법이 될 수 있다.

그런데 종목을 선정할 때 항상 보던 종목만을 보다 보면 실수하는 경우가 많다. 이때는 반드시 거래량을 확인해야 한다. 거래량이 400% 이상 급등하는 종목을 잡아내어 큰 수익을 거둘 수 있는 종목을 발굴해야 한다. 거래량을 이용해 종목을 발굴하는 방법은 다음과 같다.

쉬운종목검색

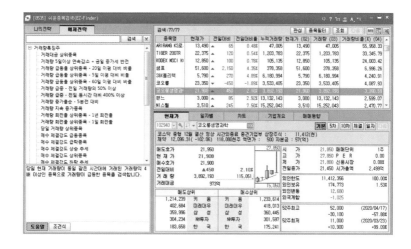

그림 3-27 종목창

예를 들어 대신증권 CYBOS HTS를 이용한다면 쉬운종목검색〉
거래량 급증-전일 동시간 대비 400% 이상을 클릭한다. 그리고 이
종목들을 관심 종목으로 빨리 선정해야 한다.

〈그림 3-28〉에서처럼 400% 이상 급등한 종목들을 관심종목란
에 넣은 뒤, 거래량을 누르면 거래량이 많은 순으로 종목이 나열된
다. 거래량이 급등한 종목은 거의 모두 주가가 상승하는 것을 볼 수
있다.

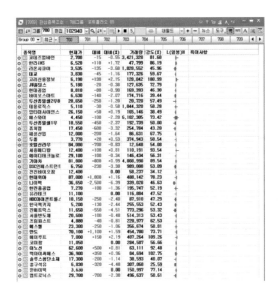

그림 3-28 관심종목

이처럼 400% 이상 거래가 급증한 종목 중에서 1~10번째까지의 종목을 관심 있게 살펴본다. 그리고 아침 장이 시작한 후 9시 15분쯤이 거래가 가장 활발할 때이므로 5분봉 차트를 보면서 거래량이 급증하면서 윗꼬리가 없는 종목을 공략한다.

여기서 중점을 둬야 하는 사안은 시간이다. 차트를 보면서 확인해보자.

〈그림 3-29〉의 프럼파스트 5분봉 차트를 보면 상한가에 진입한 것을 볼 수 있다. 이처럼 5분봉 차트를 볼 때 시초가에 갭 상승 후 양봉으로 서는 종목이 좋다.

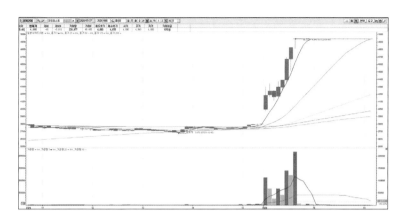

그림 3-29 프럼파스트 5분봉 차트

즉 거래량이 400% 이상 상승한 종목 중 5분봉 차트를 보면서 단
타로 접근한다. 이때 저점이 높아지는 계단식 상승을 하는 종목인
경우에는 보유하고 단기 매매로 대응한다.

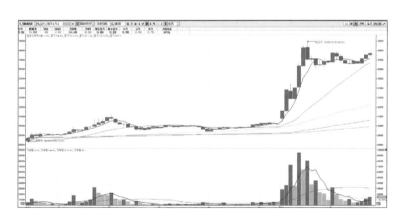

그림 3-30 랩지노믹스 5분봉 차트

〈그림 3-30〉의 랩지노믹스 5분봉 차트를 보면 거래량이 급증하면서 주가가 상승하는 모습을 보이고 있다. 5분봉 차트를 보면서 이런 패턴을 보이는 종목을 잡는다면 수익을 내는 투자를 할 수 있다.

주가 하락의
신호를 읽어라

일반적으로 주가가 상승할 때는 거래량이 증가하고 주가가 하락할 때는 거래량이 감소한다. 주가가 상승할 때 매도세가 강해지고, 매수세가 강해지면 거래량이 증가하면서 주가가 상승하게 되는 것이다. 주가가 하락하는 이유는 매도세보다 매수세가 낮아지기 때문이다. 그러므로 주가는 하락하고 거래량은 감소하게 된다.

그렇다면 주가가 하락하는 신호를 포착할 수 있을까? 주가 하락을 예측하는 신호에 대해 알아보자.

상승하던 주가가 쌍봉이나 삼봉, 헤드앤드숄더형이 진행되다가 꺾이는 시점 이후 주가의 흐름을 보면 하락으로 진행될 것임을 예측할 수 있다.

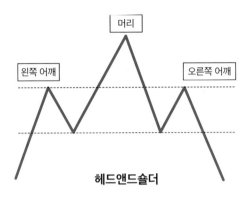

헤드앤드숄더

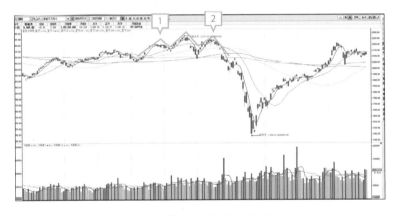

그림 3-31 종합주가지수_ 헤드앤드숄더

종합주가지수 차트를 보면 헤드앤드숄더형이 나타났다.

이때 오른쪽 어깨에서 주가가 꺾이며 20일 이동평균선을 깼다. 이 헤드앤드숄더형이 나타나면 꼭지에서 주가가 크게 하락하기 때문에 주의해야 한다.

2에서 주가가 위로 솟아야 하는데, 1의 고점과 비슷하게 2에서 하락한다면 이때부터 20일 이동평균선을 깨고 주가가 하락하게 되는 것이다. 이처럼 헤드앤드숄더형이 나타난다면 어느 정도 주가가 폭락할 것임을 예측할 수 있다.

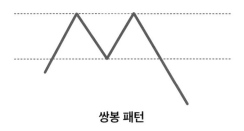

쌍봉 패턴

쌍봉도 마찬가지이다. 쌍봉을 치고 주가가 하락하면서 20일 이동평균선이 꺾이게 된다. 즉 주가가 하락으로 돌아서는 것이다. 쌍봉이나 삼봉이 나타나면 20일 이동평균선이 꺾이기 때문에 주가가 하락한다는 신호라고 봐야 한다.

〈그림 3-32〉의 SK하이닉스 차트를 보면 삼봉을 치고 하락하는 모습을 볼 수 있다. 세 번째 봉우리에서 꺾이지 말고 치고 올라가야 하는데, 20일 이동평균선이 꺾이면서 주가가 하락하고 있다.

그림 3-32 SK하이닉스

이것이 굉장히 중요한 것이다. 선행스팬(구름대, 현재 시세 위치보다 앞에 그려진 선, 중장기 지지와 저항을 보여주는 선들)이나 다이버전스 Divergence도 있지만, 20일 이동평균선이 꺾이는 시점이 주가가 하락하는 신호라는 것을 선행적으로 예측할 수 있다.

다시 한번 정리하자면, 20일 이동평균선이 꺾이면 주가는 절대로 오르지 못한다. 즉 20일 이동평균선이 꺾이는 시점을 예측하여 대응하는 것이 좋다.

급등주 포착
요리법을 알아야 한다

급등주란 단기간에 가치가 급상승한 주식을 말한다. 대부분의 투자자는 급등하기 직전의 주식을 매수하여 큰 수익을 얻을 수 있는 기회를 잡고 싶어 할 것이다. 필자의 35년 노하우를 풀어 이런 급등주를 포착하는 요리법에 대해 소개하려고 한다.

급등주를 매매할 때는 자기자본금이 1억 원이 있다면 거기에 올인하는 것이 아니고 10%나 20%선에서 자금을 운영하는 것을 전제로 한다. 단, 코스닥 종목을 선정하는 게 좋다. 급등주 요리법은 코스닥에서 하되, 1,300개 종목의 코스닥 종목에서 5~10% 정도의 종목을 추린 다음 그중에서 30개 이내의 확실한 종목을 선정한다. 그리고 이 30개 종목을 추적하여 매매하는 것이다.

다른 종목을 기웃거리는 것보다는 스스로 추려낸 이 30개 종목을 계속해서 추적하는 것이 좋다. 그러면 거기에서 하나의 방법론이 나올 수 있다. 물론 이때 자기자본의 10~20%만을 사용한다는 것을 염두에 두어야 한다.

급등주를 포착하는 방법

코스닥 종목 중에서 끼가 있는 30개 종목으로 압축한다. 최소한 과거 주식이 2,000원에서 2만 원이나 5만 원으로 상승했던 경험이 있는 종목들, 즉 저점 대비 고점이 10배나 20배 이상으로 상승했던 종목들이 있다. 이런 종목들 중에서 30개 종목으로 추린 후 추적해 보면 일정한 주기로 움직이는 패턴을 확인할 수 있다.

그리고 종목을 계속 추적하다 보면, 매수 구간이 온다. 매수 구간을 어떻게 잡을 것인가에서 중요한 점은 일단 거래량과 주가 바닥의 구간이 있어야 한다. 이 주식의 가장 저점이 어디인지, 고점이 얼마인지를 확인하다가 거래량이 완전히 죽은 후 다시 한번 상승하려고 할 때는 밑으로 한 번 살짝 하락하는 구간이 있다. 즉 3,000원에서 4,000원 사이를 6개월 정도 왔다 갔다 했다면, 상승하기 전 2,500원이나 2,200원 정도로 한 번 살짝 빠지는 경우가 있다. 이때 거래량이 실리면서 빠지는 게 아니고 거래량이 엄청나게 줄어들면서 쑥 빠지는데, 그때 매수해서 기다리는 것이다.

종합주가지수로 볼 때 1,600~1,700선을 넘나들고 있는 종목이 있는데, 이 종목이 급등주로 포착되는 이유는 세력들이 이 지점에서 많은 연구를 하기 때문이다. 결국 이 종목을 띄우기 위해 6개월에서 1년 전부터 작업을 하는 것이다. 핸들링을 하는 사람이나 종목을 급등시키려는 주포 세력들의 입장에서 보면 이러한 패턴을 만들기 위해서는 1,600~1,700포인트대가 가장 요리하기 쉽다. 그렇기 때문에 지금부터 30개 종목을 압축한 후 6개월에서 1년 정도 이런 종목들을 추적해보는 것이다.

이때 매수 방법은 예를 들어 1,000만 원을 투자하려고 한다면 100만 원, 200만 원, 50만 원으로 여러 번에 나눠 매수한다. 주가가 3,000원인 종목이 5%, 7%, 10%를 왔다 갔다 하다가 거래가 없는데도 거래량이 줄어드는 때가 있다. 이때를 노리는 것이다. 계속해서 이런 종목을 추적해본다면 이 주식에서 상당한 흐름이 나올 것임을 알 수 있다.

이 종목 저 종목을 기웃거리지 말고, 과거에 끼가 아주 많았던 종목을 30종목으로 추려서 그 종목을 계속해서 추적하면 거기에서 답이 나온다. 그런 종목들이 더블이나 50%, 100% 상승할 때를 보면 거래량이 크게 증가하면서 주가가 상승하게 된다. 이때 50%나 100% 됐을 때 매도하지 말고 기다린다면 10배까지의 수익도 가능하다. 이런 종목을 찾아내는 것도 주식투자의 매력인데, 그런 종목을 잡는 사람들이 주식시장에서 크게 성공하는 것이다. 단지 너무 큰 금액으로 하지 말고 원금의 10~20%선에서 투자하는 것을 권한다.

　다시 한번 강조하면, 급등주 포착 요리법은 뭐니 뭐니 해도 30개 종목을 추려서 그 종목을 하루하루 계속해서 추적하다 보면 거래량과 주가가 바닥인데 오르지도 않고 떨어지지도 않고 옆으로 횡보하는 구간이 있다. 그때 이 종목을 매수한 후 5~10배가 될 때까지 보유하는 것이다.

　지금 주식투자로 손해를 보고 있다면 너무 비관하지 말고 이 급등주 포착 요리법을 이용해 주식시장에 접근해보는 것도 주식투자의 묘미가 될 것이다.

 종목을 선정하는 꿀팁!

1. 상승 트렌드에 있는 종목을 골라라. 상승 추세를 타다가 일단 한 번 꺾이는 종목은 제외한다.
2. 허매수 종목을 주의하라. 현재가창을 보면서 9시 장이 시작되고 50만 주 정도 매수 주문이 있는데 주가가 1~2% 정도밖에 갭 상승하지 않았다면 허매수 종목으로 봐야 한다.
3. 분봉 차트를 보면서 주가가 오르락내리락 반복하는 종목이 있다면 주가는 하락한다고 봐야 한다.
4. 상승이 예상되는 종목은 10일 동안 차트를 보면서 봉의 길이를 확인해야 한다.

수급의
원리와 비밀

주식을 매매할 때 수급의 원리를 잘 이해하는 것이 좋다. 수급의 원리를 이용해 종목들을 발굴해서 매매를 한다면 실수하지 않고 안정적으로 수익을 낼 수 있다. 수급의 원리는 그날 장의 전체적인 흐름도 있겠지만, 종목을 살펴보면서 캔들의 모양이나 거래량을 유심히 관찰하여 매매에 임해야 한다.

다음 그림은 수급의 원리를 나타낸 것이다. 주식은 하나의 수급이기 때문에 수급의 원리가 중요하다. 그림에서 보듯이 음봉일 때는 거래량이 적고, 양봉일 때는 거래량이 많다. 이런 식으로 주가가 흘러가는 것이다.

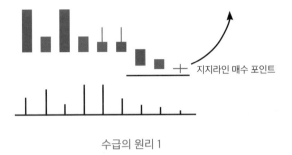

수급의 원리 1

주가가 횡보할 때 음봉으로 거래량이 줄어드는데, 여기서 또 거래량이 줄어들면서 양봉이 나온 후 십자도지 캔들이 나온다면 지지라인으로 매수 포인트가 된다. 수급의 논리로 볼 때 이런 캔들 모양과 거래량에 따라 매수 포인트를 잡을 수 있다.

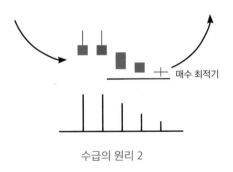

수급의 원리 2

주가가 하락할 때 이런 캔들 패턴이 나오면 매수 최적기라고 볼 수 있다.

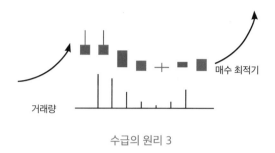

수급의 원리 3

주가가 상승하다가 조정을 받을 때 이런 캔들 모양이 나온다면 매수 최적기가 된다. 이처럼 거래량과 캔들의 모양을 보면서 매수의 급소를 찾을 수 있다.

주식을 매매할 때 코스피 종목들은 그 방향을 종잡을 수 없다. 외국인과 기관투자자의 매수/매도 때문일 수도 있지만, 프로그램 매수/매도로 인해 일순간 주가의 흐름이 변하기 때문이다.

그럼 프로그램 매매란 무엇일까? 주식을 대량으로 거래하는 기관투자자들이 일정한 프로그램에 따라 수십 종목씩 주식을 묶어서 거래하는 것을 말한다. 매도나 매수에 대한 의사결정은 매매자가 하지만, 나머지 모든 과정은 시스템이 알아서 하는 것이다.

프로그램 매매는 지수차익거래와 비차익거래로 구분할 수 있다. 지수차익거래는 현물과 선물을 다른 방향으로 동시에 매매함으로

써 현물과 선물 종목 간의 일시적인 가격 차이가 발생할 경우에 위험을 줄이고 안정적인 수익을 추구하는 거래이다. 비차익거래는 선물과 연계하지 않고 현물을 일정 수 이상(코스피 구성 종목 15개 이상) 일괄 매매하는 거래이다.

기관투자자들은 지수 영향력이 큰 주식집단을 만들어서 매매하는데, 그로 인해 종합주가지수에 큰 영향을 미치게 된다. 기관투자자나 외국인투자자들은 파생상품을 매매할 때 프로그램 매매를 적극적으로 활용하는데, 이를 통해 큰 수익을 취하고 있다.

종합주가지수나 코스피 종목별 변화는 프로그램 매매의 영향이 크다. 때문에 일별 매수/매도뿐만 아니라 이 프로그램 매매도 잘 관찰해야 한다. 기관이나 외국인투자자들이 매수를 많이 했음에도 주가가 오르지 못하는 경우는 그날 프로그램 매도가 많이 나왔다는 것이다. 때문에 코스피 100종목은 이 프로그램 매매로 인해 종잡을 수 없다. 프로그램 매매로 인해 상당한 제약이 있기 때문에 장기 투자로 지수 관련주나 우량주를 매매할 때는 이 프로그램 매매를 잘 관찰하는 것이 좋다.

그렇다면 주식을 매매할 때 어떻게 해야 기관투자자나 외국인투자자에게 이용당하지 않을 수 있을까? 그 핵심은 바로 수급 논리에 있다. 주식 매매에 있어서 수급의 논리는 매우 중요하다. 수급을 파악할 때 중요하게 봐야 하는 것은 종목당, 투자주체별 매매 현황이다.

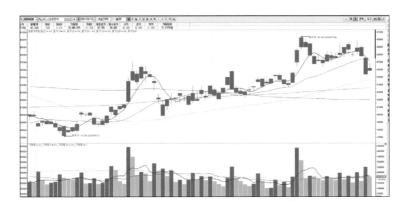

일자	종가	개인	외국인	기관계	금융투자	보험	투신	은행
2021/02/19	25,100	-33,749	2,871	27,312	35,828		-90	
2021/02/18	23,500	192,286	-142,136	-57,009	16,938		-2,472	
2021/02/17	24,100	191,333	-109,975	-68,548	-9,875		-3,055	
2021/02/16	24,800	58,169	-36,354	-19,858	6,700		-12	
2021/02/15	25,200	51,548	197	-45,821	-22,254		-86	
2021/02/10	25,450	-20,331	16,644	3,295	19,564		-480	
2021/02/09	25,200	10,499	-4,946	-5,814	12,689		-5,364	
2021/02/08	25,300	-46,544	-506	46,042	61,403		10	-11
2021/02/05	25,200	-22,102	14,804	8,211	20,243		2,435	-48

그림 3-33 투자 주체별 매매 현황

매매하기 전에 종목당 투자 주체별 매매 현황을 한 번쯤 보는 것
이 좋다. 〈그림 3-33〉은 피엔티의 매매 현황이다. 매매 현황을 보면
금융투자에서는 지속적으로 매수하고, 외국인은 샀다 팔았다를 반
복하고 있다. 이때 피엔티의 주체는 금융투자에 있음을 알 수 있다.

삼성전자를 예로 다시 한번 살펴보자.

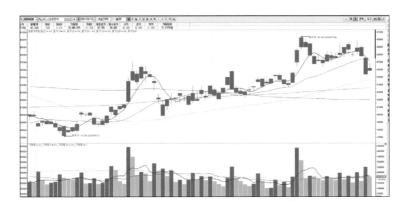

그림 3-34 삼성전자 일봉 차트

삼성전자의 차트를 보면 주가가 하락하고 있다. 그러면 이때 왜 하락하는지 이유를 알기 위해 투자 주체별 매매 현황을 살펴보는 것이다.

일자	종가	개인	외국인	기관계	금융투자	보험	투신	은행	기타금융	연기금 등
2021/02/19	82,600	4,505,461	-4,348,495	-287,967	299,421	93,348	-142,653	49,050	-8,145	-564,758
2021/02/18	82,100	5,980,290	-2,482,167	-3,574,001	-1,588,190	-252,488	-100,931	2,475	31,310	-1,630,247
2021/02/17	83,200	7,422,553	-1,737,934	-5,815,680	-3,863,524	3,041	-221,206	-177	-394	-1,458,507
2021/02/16	84,900	567,866	2,191,156	-2,835,039	-1,033,173	-36,647	-326	-1,867	7,871	-1,708,339
2021/02/15	84,200	-3,396,853	3,547,142	-408,779	11,024	82,193	-86,193	-1,709	9,293	-574,614
2021/02/10	81,600	7,395,875	-2,817,237	-4,684,311	-1,943,533	-194,430	-519,246	3,457	-1,059	-1,747,724
2021/02/09	82,700	2,255,309	-1,867,221	-557,102	852,245	7,894	-171,728	-239	9,860	-1,239,342
2021/02/08	83,000	-606,621	-263,370	1,046,695	1,617,075	-125,077	-162,236	3,801		-326,269
2021/02/05	83,500	-1,464,237	393,388	902,128	2,509,275	-248,567	-207,287	6,805	-12,947	-1,130,515

그림 3-35 투자 주체별 매매 현황

삼성전자 투자 주체별 매매 현황을 보면 연기금, 투신, 기관 등이 모조리 팔고 있다. 때문에 삼성전자의 주식을 매매하려고 할 때 연기금, 투신, 기관의 동향을 잘 살펴야 한다.

일자	종가	개인	외국인	기관계	금융투자	보험	투신	은행	기타금융	연기금 등	국가,지자체	기타법인	기타외인
2021/02/19	375,500	24,528	5,845	-34,334	-3,480	-1,273	-5,897	-8	-9	-23,839		4,104	-143
2021/02/18	369,500	45,401	-19,729	-30,643	-4,837	-757	-215			-15,871		4,652	319
2021/02/17	381,000	78,613	-25,663	-53,455	-4,402	-7,996	-8,400			-29,021		-509	1,014
2021/02/16	391,500	45,749	-18,246	-33,323	-3,274	-11,756	-3,049		-116	-15,185		5,853	-33
2021/02/15	391,000	61,201	1,150	-61,680	-5,555	-26,002	-5,630	-1,025	-27	-19,836		-857	186
2021/02/10	400,500	67,600	-19,688	-49,038	-6,039	-2,084	-10,949			-23,274		452	674
2021/02/09	411,500	-14,995	31,885	-9,682	421	-665	1,740		78	-12,970		-7,206	-2
2021/02/08	420,000	-10,981	37,434	-28,858	256	-467	-7,533		125	-16,926		2,107	298
2021/02/05	423,000	8,885	-7,035	139	3,729	3,438	-322	749	1,400	-5,691		-2,031	42
2021/02/04	443,000	75,518	-55,420	-25,438	-14,359	9,286	-5,118			-10,557		4,939	401
2021/02/03	462,500	-96,171	66,844	38,621	9,809	20,452	12,038	871	440	-10,988		-8,318	-976
2021/02/02	435,500	-67,403	48,114	17,835	16,490	-129	1,532	1,626	128	-3,295		1,245	209
2021/02/01	439,500	-44,006	35,700	9,068	9,606	6,196	4,035	1,000	89	-12,979		-1,559	797
2021/01/29	421,000	-10,270	2,241	10,269	1,444	-284	3,017	500		2,462		-3,275	1,035
2021/01/28	416,500	3,902	-1,784	-4,156	1,973	-258	1,475	1,500		-3,725		2,281	-243
2021/01/27	412,500	50,032	-55,444	6,323	-1,106	1,257	1,651	45	-289	7,342		-1,536	625
2021/01/26	439,500	-145,553	121,270	24,454	-161	3,727	6,553		109	3,283		1,535	-1,706

그림 3-36 SK케미칼 주체별 매매 현황

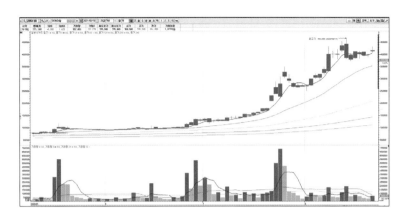

그림 3-37 SK케미칼

SK케미칼의 투자 주체별 매매 현황을 보면 외국인, 금융투자, 보험, 연기금, 개인 등 골고루 분포되어 있다. 차트를 보면 주가가 횡보하고 있는 것을 볼 수 있다. 이렇게 주체별 매매 현황을 보며 주가의 흐름을 유추해볼 수 있다.

매매에 도움을 주는
보조지표 활용법

주식에서 보조지표는 주가의 변화를 통해 방향을 확인할 수 있는 지표이다. 보조지표의 종류에는 주가의 방향을 제시하는 추세지표와 가격지표, 주가의 방향성 강도를 확인할 수 있는 모멘텀 지표와 시장강도 지표로 분류할 수 있다.

보조지표는 말 그대로 보조적인 역할을 하는 지표이며 후행성 지표로 현 시점에 대한 시장변수를 확인할 수 없다는 단점이 있다. 주식 매매를 위한 절대적인 신호를 포착하기 어렵기 때문에 참고하는 정도로 활용하는 것이 좋다.

여기서는 매매에 도움이 될 수 있는 보조지표인 다이버전스를 활용하는 방법에 대해 살펴볼 것이다.

다이버전스는 주가와 보조지표의 흐름을 보고 분석하는 것으로, 주가의 변화와 보조지표가 알려주는 신호가 일치하지 않을 때 다이버전스가 형성되었다고 한다.

대표적으로 MACD와 RSI(상대적 강도지수)의 보조지표가 사용된다. 주가와 반대로 움직이는 두 지표를 보면서 상승이나 하락 다이버전스가 형성되었다고 하며, 이를 통해 추세가 전환되는 시점을 예측할 수 있다.

MACD는 이동평균 수렴, 확산 지수로 기간이 다른 이동평균선 사이의 관계에서 추세 변화의 신호를 찾을 수 있다. 즉 이동평균선을 이용해 매매 신호를 포착하는 것이다. MACD는 추세 전환 시점을 찾기보다는 추세 방향과 주가 움직임을 분석하는 데 활용하면 좋은 지표다.

RSI(상대적 강도지수)는 특정 종목에 내재된 움직임의 강도를 분석하는 데 사용된다. RSI는 0~100까지의 값을 가지는데 다음의 식으로 구할 수 있다.

$RSI = [100/(1 + U/D)]$
(U: 일정 기간 동안의 주가 상승 변동치 평균, D=일정 기간 동안의 주가 하락 변동치 평균)

RSI가 70~80% 수준이면 과열을 의미하며 매도로 대응하고, 20~30% 수준이면 침체를 의미하므로 매수로 대응하는 것이 좋다.

상승 다이버전스의 패턴

상승 다이버전스는 주가는 하락하고 있지만 조만간 상승할 것임을 암시한다고 볼 수 있다. 주가의 저점은 낮아지는데 지표의 저점은 높아지거나 그대로 유지되는 경우 상승 다이버전스라고 한다.

1. 주가의 저점은 하락하지만 지표의 저점은 상승하는 경우

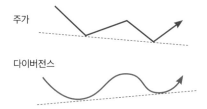

2. 주가의 저점은 수평을 유지하지만 지표의 저점은 상승하는 경우

3. 주가의 저점은 하락했지만 지표의 저점은 유지되는 경우

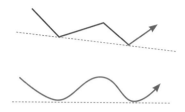

하락 다이버전스의 패턴

하락 다이버전스는 주가가 상승하고 있는데 지표의 고점은 낮아지거나 수평을 유지하는 모양을 보일 때 주가가 하락한다는 것을 암시하는 것이다.

1. 주가의 고점은 상승했으나 지표의 고점은 내려가는 경우

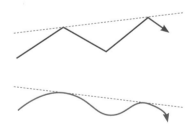

2. 주가의 고점은 수평을 유지하나 지표의 고점은 내려가는 경우

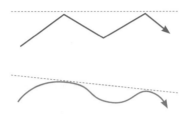

3. 주가의 고점은 상승했으나, 지표의 고점은 유지하는 경우

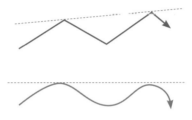

이런 다이버전스는 항상 나타나는 것은 아니고 1년에 몇 번 정도 상승/하락 다이버전스의 패턴을 보인다.

그럼 차트를 보면서 다이버전스를 확인해보자.

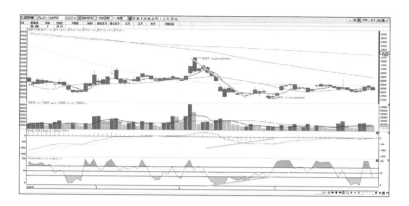

그림 3-38 삼성카드 일봉 차트

주가는 하락하고 있는데 전저점보다 다음 저점이 낮음을 볼 수 있다. 그런데 다이버전스를 보면 상승하고 있다. 이때는 매수 신호로 볼 수 있다.

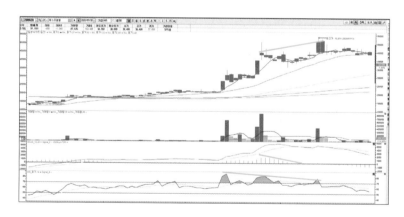

그림 2-39 에스퓨얼셀

〈그림 2-39〉의 차트를 보면 주가가 상승하고 있다. 전고점보다 고점이 높아졌지만, 다이버전스를 보면 하락하고 있다. 이런 패턴을 보이면 매도 신호로 볼 수 있다.

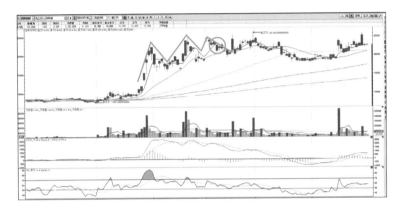

그림 2-40 파미셀

〈그림 2-40〉의 파미셀 차트를 보면 전고점보다 낮음을 확인할 수 있다. MACD 좌표도 꺾이고 있음을 볼 수 있다. 파미셀처럼 봉우리를 3개 만드는 종목은 하락 신호로 볼 수 있다. 이 경우 고점에서 음봉이 나오면 매도 신호로 볼 수 있다

이처럼 어디서 주가가 상승하고 하락할지는 보조지표인 다이버전스를 활용해서 확인해볼 수 있다. 다이버전스를 이용해 주가의 추세를 예측할 수 있지만, 100% 정확한 것은 아니다. 또한 매번 나오는 것도 아니고 종목당 1년에 1~2번 정도 나오기 때문에 보조지표로만 이용하는 것이 좋다.

매수/매도에 활용하면 좋은 RSI

RSI Relative Strength Index, 상대적 강도지수는 상대적 강도를 지수로 나타낸 것을 의미하는 기술적 분석에 사용되는 보조지표이다.

현재 추세의 강도를 백분율로 나타내어 언제 주가 추세가 전환될 것인지를 예측하는 데 유용한 지표이다.

RSI 값은 0~100까지로 정해지는데, 100에 가까워질수록 더 이상의 주가 상승이 어려울 것으로 예측된다는 뜻이다.

RSI 값이 0에 가까워질수록 더 이상의 주가 하락이 어려울 것으로 예측할 수 있다. 이 RSI의 값을 매수/매도의 기준으로 삼아 참고하는 것도 도움이 된다.

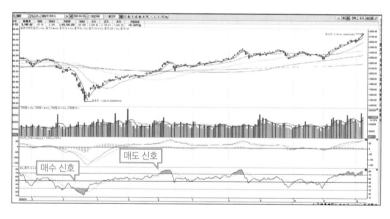

그림 3-41 종합주가지수

〈그림 3-41〉의 종합주가지수 차트를 보면 3월 주가가 폭락했을 때 파란 구덩이에서 주식을 매수하고, 노란 산이 나오는 시점에 주식을 매도하는 것이다. 이 종합주가지수의 차트에서 RSI를 통해 판단한다면 전체적으로 강세장임을 알 수 있다.

그럼 RSI 지표만을 이용해 주식을 매수/매도하면 모두 다 돈을 벌 수 있을까? RSI 지표는 후행스팬이므로 보조지표로 활용해야 한다.

오성첨단소재 차트를 보면 1에서 매수해서 인내를 가지고 기다렸다가 2에서 매도하면 된다. RSI 지표를 활용하는 방법은 간단하지만, 이런 경우 언제까지 기다려야 할까?

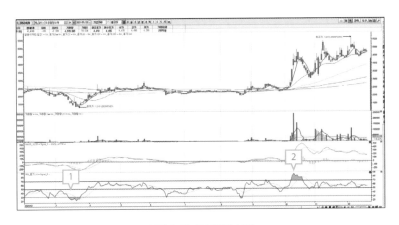

그림 3-42 오성첨단소재

시그널 선이 상향으로 방향을 틀면서 30 이상으로 상승했을 때 매수하는 방법이 있다. 즉 70 이상에서는 매도하고 30 이상에서는 매수하는 것이다. 강세장에서는 단기 매매를 하는 투자자들이 이 RSI 지표를 이용하는 경우가 많다.

체결강도를 이용한 매매법

체결강도란 주식시장에서 특정 종목이 현재 시점에서 매수세가 강한지, 아니면 매도세가 강한지를 보여주는 지표이다. 거래 시간 동안에 매수 체결과 매도 체결 간의 비율로 산출된다.

거래량의 변화가 심하게 나타나고, 이상 매매가 발생할 때는 인위적으로 대량 거래가 수반되는 등 주가 예측을 왜곡시키는 요인들이 있다. 이러한 왜곡 현상을 최소화시키는 것이 체결강도이다. 체결강도는 거래량 변수를 매수, 매도 거래량으로 구분하여 입체적으로 분석하는 것으로 효용성이 높은 지표이다.

매수와 매도의 체결량이 동일하면 체결강도는 100%가 된다. 체결강도가 100%보다 높으면 매수세가 강해 매수 체결량이 많다는 것으로서, 매수 신호로 활용한다.

반면 체결강도가 100%보다 낮으면, 매도세가 강해 매도 체결량이 많다는 것으로서 매도 신호로 활용한다.

삼천당제약을 예로 들어보자(그림 3-43 참고). HTS에서 종목을 검색하고, 체결〉호가를 누르면 실시간 체결강도를 볼 수 있다.

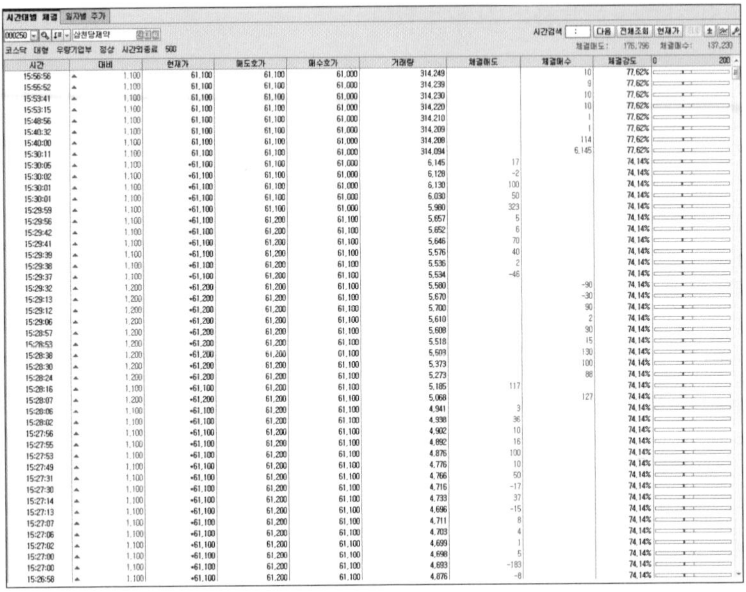

시간대별 체결 | 일자별 주가

000250 삼천당제약 | 시간검색 : | 다음 | 전체조회 | 현재가

코스닥 대형 우량기업부 정상 시간외종료 500 | 체결매도: 176,796 체결매수: 137,230

시간	대비	현재가	매도호가	매수호가	거래량	체결매도	체결매수	체결강도
15:56:56	▲ 1,100	61,100	61,100	61,000	314,249		10	77.62%
15:55:52	▲ 1,100	61,100	61,100	61,000	314,239		9	77.62%
15:53:41	▲ 1,100	61,100	61,100	61,000	314,230		10	77.62%
15:53:15	▲ 1,100	61,100	61,100	61,000	314,220		10	77.62%
15:48:56	▲ 1,100	61,100	61,100	61,000	314,210		1	77.62%
15:40:32	▲ 1,100	61,100	61,100	61,000	314,209		1	77.62%
15:40:00	▲ 1,100	61,100	61,100	61,000	314,208		114	77.62%
15:30:11	▲ 1,100	61,100	61,100	61,000	314,094		6,145	77.62%
15:30:05	▲ 1,100	+61,100	61,100	61,000	6,145	17		74.14%
15:30:02	▲ 1,100	+61,100	61,100	61,000	6,128	-2		74.14%
15:30:01	▲ 1,100	+61,100	61,100	61,000	6,130	100		74.14%
15:30:01	▲ 1,100	+61,100	61,100	61,000	6,030	50		74.14%
15:29:59	▲ 1,100	+61,100	61,100	61,000	5,980	323		74.14%
15:29:56	▲ 1,100	+61,100	61,200	61,100	5,657	5		74.14%
15:29:42	▲ 1,100	+61,100	61,200	61,100	5,652	6		74.14%
15:29:41	▲ 1,100	+61,100	61,200	61,100	5,646	70		74.14%
15:29:39	▲ 1,100	+61,100	61,200	61,100	5,576	40		74.14%
15:29:38	▲ 1,100	+61,100	61,200	61,100	5,536	2		74.14%
15:29:37	▲ 1,100	+61,100	61,200	61,100	5,534	-46		74.14%
15:29:32	▲ 1,200	+61,200	61,200	61,100	5,580		-90	74.14%
15:29:13	▲ 1,200	+61,200	61,200	61,100	5,670		-30	74.14%
15:29:12	▲ 1,200	+61,200	61,200	61,100	5,700		90	74.14%
15:29:06	▲ 1,200	+61,200	61,200	61,100	5,610		2	74.14%
15:28:57	▲ 1,200	+61,200	61,200	61,100	5,608		90	74.14%
15:28:53	▲ 1,200	+61,200	61,200	61,100	5,518		15	74.14%
15:28:38	▲ 1,200	+61,200	61,200	61,100	5,503		130	74.14%
15:28:30	▲ 1,200	+61,200	61,200	61,100	5,373		100	74.14%
15:28:24	▲ 1,200	+61,200	61,200	61,100	5,273		88	74.14%
15:28:16	▲ 1,100	+61,100	61,200	61,100	5,185	117		74.14%
15:28:07	▲ 1,200	+61,200	61,200	61,100	5,068		127	74.14%
15:28:06	▲ 1,100	+61,100	61,200	61,100	4,941	3		74.14%
15:28:02	▲ 1,100	+61,100	61,200	61,100	4,938	36		74.14%
15:27:56	▲ 1,100	+61,100	61,200	61,100	4,902	10		74.14%
15:27:55	▲ 1,100	+61,100	61,200	61,100	4,892	16		74.14%
15:27:53	▲ 1,100	+61,100	61,200	61,100	4,876	100		74.14%
15:27:49	▲ 1,100	+61,100	61,200	61,100	4,776	10		74.14%
15:27:31	▲ 1,100	+61,100	61,200	61,100	4,766	50		74.14%
15:27:30	▲ 1,100	+61,100	61,200	61,100	4,716	-17		74.14%
15:27:14	▲ 1,100	+61,100	61,200	61,100	4,733	37		74.14%
15:27:13	▲ 1,100	+61,100	61,200	61,100	4,696	-15		74.14%
15:27:07	▲ 1,100	+61,100	61,200	61,100	4,711	8		74.14%
15:27:06	▲ 1,100	+61,100	61,200	61,100	4,703	4		74.14%
15:27:02	▲ 1,100	+61,100	61,200	61,100	4,699	1		74.14%
15:27:00	▲ 1,100	+61,100	61,200	61,100	4,698	5		74.14%
15:27:00	▲ 1,100	+61,100	61,200	61,100	4,693	-183		74.14%
15:26:58	▲ 1,100	+61,100	61,200	61,100	4,876	-8		74.14%

그림 3-43 삼천당제약 체결호가

체결강도는 주식 매수 체결량을 주식 매도 체결량으로 나눈 값에 100을 곱한 백분율로 나타낸 수치를 말한다. 매수 체결량과 매도 체결량이 같으면 체결강도는 100이다.

체결강도는 단편적인 거래량을 매수 거래량과 매도 거래량으로 구분함으로써 실질적인 매수나 매도의 강도를 측정할 수 있다는 장점이 있다. 그러나 거래량이 적으면 체결강도의 변동이 쉽기 때문에 체결강도는 일반적으로 거래량이 많은 종목에서 보다 많이 활용된다. 즉 거래량이 많고(200만~300만 주 이상), 체결강도가 100 이상인 종목을 매매하는 것이 좋다.

대박난 박약사의
주식 처방 2

대박 나는 주식 매매 비법 17

2,000개가 넘는 주식 종목 중에서 수익이 나는 종목은 10% 미만이다. 내가 사면 주가는 떨어지고, 내가 팔면 주가는 상승하는 경우가 지속되고 있는가? 그렇다면 언제 매수해야 하고, 언제 매수하면 안 되는지 그리고 언제 매도해야 하는지에 대한 원칙이 없기 때문이다. 지금부터 설명할 매매 비법을 참고로 자신만의 매매 원칙을 만들어보기 바란다.

1. 음봉에서는 절대 매수를 하지 말자.

계속 상승을 하던 주가가 하락을 하면서 음봉이 나왔을 때는 매수해서는 안 된다. 저점을 분명히 확인한 후 음봉으로 떨어지는 종목을 절대 매수하지 말고 양봉으로 떨어지는 종목을 매수하자.

2. 계단식으로 상승하는 종목을 매수한다.

장중에 분봉 차트에서 갑자기 오르는 종목은 절대 추격 매수해서는 안 된다. 12시~ 2시 30분 정도에서 갑자기 오르는 종목들은 세력이 자신들의 물량을 떠넘기는 신호이다.

3. 주도주가 아닌 곁다리로 따라가는 종목을 피해서 매매하라.

동시에 상승하는 종목이 있을 때 주도주, 대장주를 집중적으로 매매하는 것이 좋다.

4. 지수 관련주는 당분간 피해서 매매하자.

코스닥에서는 건강 관련주, 화학주, 제약주 위주로 하고, 거래소에서는 중소형주를 찾아서 300만 주, 500만 주 정도 거래되는 종목 중에서 매매를 하는 게 좋다.

5. 전날 음봉으로 하락한 종목이 다음 날 시초가에서 그 음봉을 뛰어넘는 양봉으로 출발하는 종목을 매수한다.

음봉으로 하락한 종목이 한 7~8% 정도 하락한 후 다음 날 전날 음봉의 맨 꼭대기에서 양봉으로 시작한다면 그런 주식은 매수하는 것이 좋다.

6. **지수가 50포인트 정도 빠질 때, 양봉으로 꿋꿋이 버티고 있는 주식을 매매하자.** 이런 종목들이 수익도 크게 난다.

7. **오늘 음봉으로 7~8% 주가가 하락했다면 다음 날 마음대로 추정해서 시초가부터 매수해서는 안 된다.**

음봉으로 빠질 경우 저점 확인이 불가능하므로, 절대 매수해서는 안 된다. '이 정도는 저점일 것이다'라는 생각으로 매수해서는 안 된다는 것이다.

8. **종가 베팅을 할 때는 가급적 많은 금액을 피하고, 적은 금액으로 한다.**

그리고 음봉으로 떨어지는 종목보다는 양봉으로 오르는 종목 중에서 고르는 것이 현명하다. 만약 음봉으로 떨어지는 종목을 종가 베팅할 경우 양십자나 양도지가 나오는 종목 중에서 고르는 것이 현명하다.

왜냐하면 어느 정도 하락이 멈춘다는 신호이기 때문에 매수를 해도 괜찮지만, 장대음봉으로 빠지는 종목은 종가 매수를 해서는 안 된다. 다음 날 크게 하락할 수 있기 때문이다.

9. **분봉 차트에서 20% 이상 상승한 종목이 2시 30분까지 계속해서 옆으로 횡보를 하고 있다면, 그 종목은 상한가를 간다고 하더라도 매수하지 않는 것이 좋다.**

그 이유는 상한가에서 1~2%만 모자라도 다음 날에는 하락으로 출발하기 때문이다.

10. 단타 매매가 아니라면 2시 30분 전후에 매매하자.

매수하려는 종목이 있다면, 가장 저점의 시간은 2시 30분 전후가 된다. 특히 금요일 같은 경우는 오후 장이 굉장히 약하다.

11. 웅크리고 있는 음봉을 주목하자.

어느 종목이 시초가를 형성한 후 1시간이 지났음에도 불구하고 1%대에서 음봉으로 빠지는데 거래량도 터지지 않고 더 이상 하락 하지 않는 경우가 있다. 지수는 계속 하락하고 있는데, 1%대만 하락 을 하고, 더 이상 하락하지 않고 음봉으로 가만히 웅크리고 있는 경 우 종목은 일정 시간이 지나면 상승하는데, 양봉으로 섰을 때 매수 하면 수익을 낼 수 있다.

12. 분봉 차트에서 계단식으로 종목이 상승을 할 때, 거래량이 치솟 는 시점에서는 매수해서는 안 된다.

거래량이 치솟을 때는 매수를 금지하고, 이후 눌림목 찬스를 이 용하자. 거래가 치솟을 때 따라 들어가서 매수를 하지 말고, 조금 뒤 로 한걸음 물러서면 반드시 분봉 차트상에서 눌림목 찬스가 올 것 이다. 그때 매수해도 늦지 않다.

13. 윗꼬리가 달린 종목은 시초가가 플러스(+)로 양봉으로 상승할 때 매수해야 한다.

윗꼬리 아래 몸통에서 시초가가 마이너스(-)가 그 주가는 힘이 없는 것이다. 힘이 있는 종목은 윗꼬리 중간 부분에서 시초가가 형성되고, 양봉으로 서는 종목들이다. 양봉으로 시초가가 형성되는 종목들이 큰 시세를 낸다.

14. 지속적으로 상승하던 주식이 5일 이동평균선을 이탈하면, 1차로 절반 정도를 분할 매도한다.

그다음에 종가상으로 5일 이동평균선을 완전히 이탈했다면 단기 매매를 하는 경우에는 전량 매도해도 좋다. 즉 20~30% 오른 종목에서 이런 상황이 발생한다면 1차 분할 매도하는 것이 좋다. 5일 이동평균선을 이탈하는 종목은 위험하다.

15. 모든 주식을 매매할 때에는 기본적으로 분할 매수와 분할 매도의 원칙을 지키는 것이 좋다.

16. 특정 종목을 매수하기 전 진지하게 1분만 더 생각을 하자.

오르는 종목을 시장가로 매수하는 것은 자살 행위이다.

17. 모든 종목에 해당되는 것은 아니지만, 어느 종목이 갭 상승을 했다면 다음 날은 그보다 더 큰 폭으로 갭 상승하여 출발해야 주가가 상

승할 수 있다는 신뢰가 있는 것이다.

즉 전날 1~2% 갭 상승했다면, 그다음 날에는 4~5% 정도 갭 상승을 해줘야 상승의 신뢰가 있다고 볼 수 있다.

Part 4

대박난 박약사의
매수·매도 타이밍 처방전

대박 나는 매수·매도 타이밍은 어떻게 잡아야 할까?

INVESTMENT TECHNIQUE

거래량에 답이 있다:
대박을 내는 매도 타이밍

주식투자에서 성공하기 위해 가장 중요한 것은 매수와 매도 타이밍이다. 둘 중에서 더 중요한 것은 소중한 내 돈을 지키기 위해 언제 매도해서 수익을 내느냐 일 것이다.

5,000원에 거래되던 주식이 1만 원으로 올라가거나, 2만 원에서 3만 원까지 올라갈 수 있다. 주가가 계속해서 오르고 있을 때 언제 매도해야 할까? 이때 중요한 것이 거래량이다.

거래량은 주식시장에서 거래되는 주식의 양을 말한다. 예를 들어 거래소에서 하루에 거래된 주식의 수가 매도 100만 주, 매수 100만 주라면 거래량은 100만 주가 된다. 거래량은 주가지수와 함께 주식시장의 장세를 판단하는 중요한 지표로 주가의 변동을 일으키는 신호로 볼 수 있다. 일반적으로 거래량이 늘어나면 주가의 상승이 기대되고, 거래량이 줄어들면 주가의 하락을 예측해볼 수 있다.

그럼 이런 거래량을 통해 어떻게 매도 타이밍을 잡을 수 있을까?

5,000원에 거래되던 주식의 주가가 7,000~8,000원으로 상승했을 때 거래량이 예를 들어 200만 주였는데, 다음 날은 250만 주, 그 다음 날은 300만 주가 거래되면서 주가가 상승했다. 그런데 다음 날에는 100만 주가 거래되면서 음봉으로 살짝 빠졌다면 이때를 매도 신호로 봐야 한다. 이것 하나만 알아도 주식투자에서 실패할 확률이 적다.

코스닥에서 단기 매매를 하는 투자자들은 눌림목 찬스나 20일 이동평균선을 돌파하면 매수세가 실렸다는 것은 알고 있다. 하지만 다음 날 거래가 분출하고 주가가 올라가다가 음봉으로 살짝 빠지면서 거래량이 줄었을 때가 매도 타이밍이라는 것은 잘 알지 못한다. 즉 단기 매매에서의 매도 타이밍을 잡을 때 거래량이 매우 중요하다.

매도 신호 1. 음봉으로 빠지며 거래량이 줄었을 때

상승하던 주가가 양봉이 나온 다음 날 거래량이 줄어들면서 음봉이 나온다면 이때부터 주가가 하락을 시작한다는 신호로 봐야 한다. 즉 매도 신호가 되는 것이다. 차트를 보자.

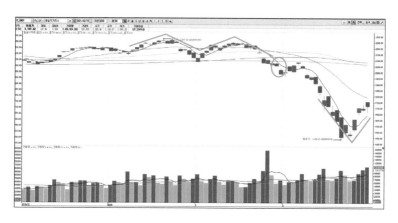

그림 4-1 종합주가지수

종합주가지수 차트(2020년 3월 27일)를 보면 쌍봉을 치고 주가가 떨어지는 것을 볼 수 있다. 여기서 주요하게 볼 것은 양봉이 나온 다음 날 음봉이 나오고 이때 거래량이 빠지는 것을 볼 수 있다.

3~4개월 중에서 가장 거래가 적은 날인데, 이날 거래량을 보면 음봉으로 거래량이 줄어들면서 주가가 하락하기 시작했다. 즉 어느 정도 에너지가 소진된 것이다.

주가는 항상 에너지에 의해 올라가고 에너지가 소진되면 떨어진다. 이것을 꼭 명심해야 한다. 거래량이 증가하고 있는데 꼭짓점이 없다고 하는 것은 힘이 소진된 것이다. 그렇기 때문에 주가가 하락하는 모습을 볼 수 있다.

다음 날에는 의미 있는 거래량이 나왔지만, 전날 거래보다 엄청 줄어들었다. 이때 주의해야 한다. 이후 종합주가지수 차트를 보면 주가가 많이 떨어졌는데 다시 밑에서 V자 반등을 하고 있다. 여기서 거래량이 점점 늘어나면서 주가가 올라가고 있다.

어느 날 거래량이 늘어났다가 다음 날 음봉이 나오면서 거래량이 줄어들었다는 것은 에너지가 소진된 것이다. 이때부터 조정 사인이 나타나게 된다.

이런 패턴을 대형 종목들을 보면서 확인해보도록 하자.

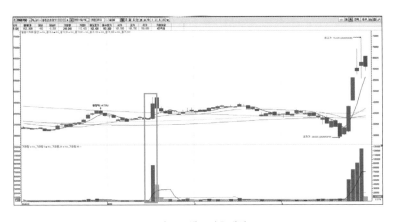

그림 4-2 셀트리온제약

셀트리온제약의 차트를 보면 이날 의미 있는 거래량을 볼 수 있다. 주가가 하락하다가 20일 이동평균선을 돌파하는 의미 있는 거래량이 나왔다. 이때 다음 날 이 거래량을 능가하는 거래량이 나와야 주가가 상승하게 된다.

그런데 다음 날 매도세가 실리면서 거래량도 증가했다. 전날 거래량을 능가하면서 주가가 올라갔다. 다음 날 음봉이 나왔는데, 거래량은 많다. 하지만 음봉이 윗꼬리가 달렸다는 것은 좋지 않은 신호로 봐야 한다.

결론적으로 셀트리온제약의 주가 흐름을 보면 일단 거래량이 살아 있기 때문에 다음 날 주가가 요동치는 모습을 보인다. 거래량의 흐름만으로 봤을 때는 다음 날 매도하는 것이 좋다. 하지만 다시 거래량이 증가했다. 일단 힘이 아직 살아 있다는 의미다. 이때에도 다음 날 주가가 상승하려면 전날 거래량보다 많아야 한다.

하지만 음봉이 나오면서 거래량이 완전히 죽었다. 그리고 주가는 상당히 떨어졌다. 이런 흐름은 매도 사인이지 매수 사인은 아니다. 이때에도 거래량을 보면서 면밀히 주가의 흐름을 살펴보는 것이 좋다.

셀트리온제약의 경우 주가의 변동이 심하기 때문에 2~3일 정도 거래량이 완전히 바닥이 됐을 때(예를 들어 20~30만 주의 거래량) 매수해놓고 기다려보는 것도 좋다. 여기서 중요한 점은 주가는 하락하는데 의미 있는 거래량이 실리지 않는다면 이런 종목은 매매를 자제하는 것이 좋다.

매도 신호 2. 윗꼬리 음봉이 나올 때

윗꼬리가 달렸다는 것은 매도세를 나타내는 것으로, 윗꼬리가 달
린 봉의 위치에 따라 해석이 달라질 수 있다. 윗꼬리가 달린 봉이 나
왔을 때에는 거래량을 필수로 확인해야 한다. 긴 윗꼬리가 달린 장
대봉이 발생할 때 거래량의 추이를 보면서 주가가 어느 방향으로
턴하게 될지 예측해볼 수 있다.

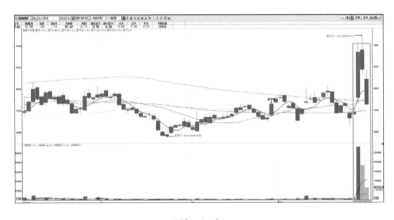

그림 4-3 미코

미코의 차트를 보면 의미 있는 거래량이 실리며 장대양봉이 나왔
다. 이는 주가의 방향을 예측할 수 있는 중요한 신호로 볼 수 있다.
장대양봉이 나왔다는 것은 매도하려는 사람들의 매도 물량이 많아
거래량이 증가했다고 볼 수 있다.

그러고 나서 다음 날 거래량이 줄어들면서 윗꼬리가 달린 음봉이

나왔다. 고점 이후 음봉이 나왔다는 것은 주가의 하락 패턴으로 매
도 신호로 봐야 한다.

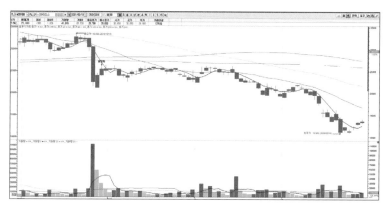

그림 4-4 아이디스

〈그림 4-4〉와 같은 패턴을 보이는 종목은 매매를 자제해야 한다.
주가는 하락하고 있으며 의미 있는 거래량도 보이지 않는다. 장대
양봉이 나오고 의미 있는 거래량이 실렸을 때 매수해야 한다. 거래
량이 많지 않은데 주가가 올라간다는 것은 이후 그만큼 주가가 하
락할 것임을 의미한다.

주가가 하락을 지속하다가 횡보하며 이동평균선이 수렴하면서
거래량이 실린다면 그때 매수해도 늦지 않다. 이런 패턴을 보이는
주식은 매매해서는 안 된다는 것을 명심하자.

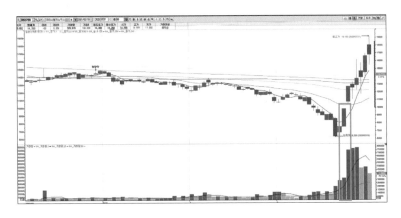

그림 4-5 크리스탈노믹스

크리스탈지노믹스의 차트를 보면(2020년 3월 20일) 의미 있는 거래량이 나왔다. 저점에서 거래량이 증가했는데, 다음 날 이보다 더 많은 거래량이 실린다면 주가는 상승할 것이라고 볼 수 있다. 거래량을 확인해보면 힘이 살아 있음을 알 수 있다.

이런 패턴을 보이는 종목은 매수 후 보유하는 것도 좋다. 이렇게 거래량이 실리면서 주가가 올랐다는 것은 다음 날 주가 흐름을 어느 정도 예상할 수 있다.

그런데 다음 날 거래량이 실린 후 아래꼬리가 약간 긴 음봉이 나왔다. 그리고 거래량이 어느 정도 증가하면서 윗꼬리가 달린 양봉이 나왔다. 다음 날 보면 거래량이 줄어들면서 음봉이 나왔다. 즉 힘이 소진된 것이다. 이때는 함부로 들어가면 안 된다. 이후 눌림목에서 기회를 엿보는 것이 좋다.

음봉이 나오면서 거래량이 줄어들면 무조건 팔아야 한다. 이전 거래량을 능가하면서 양봉이 나온다면 다시 고려해볼 수 있겠지만, 거래량이 줄어들었다는 것은 매도 신호로 봐야 한다.

거래량의 비밀은 바로 여기에 있다. 오늘의 거래량을 보고 다음 날의 거래량을 보면서 들어갈 것인지, 들어가서는 안 되는지를 결정해야 한다.

240일 이동평균선을 이용한 저점에서 매수하는 방법

주식은 살아 있는 생물과 같아서 다양한 요인으로 인해 주가는 시 시각각으로 변동한다. 오르는 시점이나 내리는 시점을 정확하게 파 악할 수만 있다면 누구든 돈을 벌 수 있을 것이다. 하지만 그 흐름을 예측하기란 어렵다. 그럼에도 우리는 수익을 낼 수 있는 구간을 찾 으려는 노력을 해야 한다.

주가는 한 번 하락하면 언젠가는 다시 오르고, 오르면 내려가게 되어 있다. 그렇다면 장기적으로 하락하고 있는 종목의 주가는 언 젠가 오를 시점이 올 것이다. 장기 하락하는 종목의 경우 저점에서 매수 구간을 잡을 수 있다. 이때 중요한 것이 240일 이동평균선과 처음 하락하는 시점을 찾는 것이다.

240일 이동평균선을 기준으로 5~10% 정도로 하락하는 첫 번째 시점을 잡는다. 이때부터 분할 매수하여 장기적인 관점에서 보유한다면 큰 수익을 거둘 수 있다. 물론 모든 종목에 해당되는 것은 아니다. 즉 이미 너무 상승한 종목이 아닌, 현재 하락하고 있는 종목 중에서 이런 방법을 대입해볼 수 있다.

이 투자 방법은 장기 투자에 해당되고, 분할 매수해야 한다는 점에서 주식 시세를 매 시간 볼 수 없는 직장인이나 자영업자들에게 좋은 매매법이 될 수 있다. 이때 주의할 점은 절대 망하지 않을 회사, 즉 재무구조가 튼튼한 회사를 선정하는 것이 중요하다.

그런 종목 중 상승 트렌드에서 240일 이동평균선을 평행선으로 그었을 때, 첫 번째 240일 이동평균선을 뚫고 내려가는 시점, 그 시점이 저점으로 이 지점에서 분할 매수로 접근하는 것이 좋다.

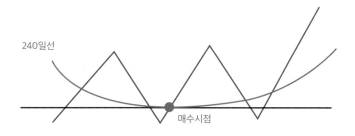

240일선

매수시점

그림에서 보듯이 240일 이동평균선의 하단 선을 연결해보면 그 아래로 떨어지는 지점이 있다. 바로 첫 번째 하락하는 그 지점을 매수 시점으로 잡는 것이다. 즉 240일 이동평균선이 방향을 턴하는 지점에서 직선으로 연결해보았을 때 첫 번째 하락하는 지점이 매수 시점이 되는 것이다.

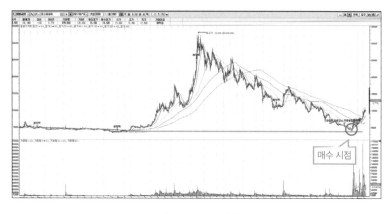

그림 4-6 코스모화학

코스모화학 차트를 보면 노란선이 240일 이동평균선이다. 240일 이동평균선이 방향을 바꾸는 시점을 기준으로 선을 그어보자. 코스모화학의 주가는 240일 이동평균선이 방향을 바꾸는 순간에 주가가 상승하다가 하락하는 모습을 보인다. 이때 240일 이동평균선의 하단을 연결한 선을 보면 첫 번째 하락하는 지점이 있다. 이때가 매수 시점이 되는 것이다.

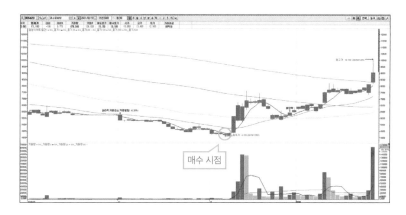

그림 4-7 코스모화학 확대

앞의 원 부분을 확대해본 차트이다. 하락하는 첫 번째 지점이 바로 매수 시점이다. 이때 매수해서 보유한다면 큰 수익을 얻을 수 있다.

그림 4-8 인스코비

인스코비 차트를 보자. 마찬가지로 240일 이동평균선이 턴해서 올라가는 시점을 기준으로 선을 그었을 때 처음 하락하는 시점이 바로 매수 시점이 되는 것이다.

모든 종목에 해당되는 것은 아니지만, 240일 이동평균선이 상승 트렌드로 바뀌는 시점에서 평행선을 그어 보았을 때 첫 번째 하락하는 지점이 매수 시점이 될 수 있다는 점을 생각하면서 그런 종목을 차트를 보면서 찾아보는 것이 좋다. 이런 종목들 중에는 20일 이동평균선이나 60일 이동평균선을 뚫고 가는 경우가 많기 때문에 장기 투자를 하는 경우 이런 방법으로 매수하여 보유한다면 큰 수익을 낼 수 있을 것이다.

그림 4-9 드림시큐리티

드림시큐리티의 경우 첫 번째 하락한 시점을 어디로 잡아야 할까? 이런 경우에는 240일 이동평균선을 기준으로 5~10% 정도 하락한 시점을 매수 시점으로 잡아야 한다.

240일 이동평균선을 기준으로 저점을 찾아내는 연습을 많이 해 보자. 장기 하락하는 종목 중에서 이런 방법으로 저점에서 분할 매수하여 장기적인 관점에서 보유한다면 큰 수익을 낼 수 있을 것이다.

 이동평균선으로 매수/매도 시점 파악하기

1. 상승 전환: 하락하던 주가가 5일 이동평균선을 상향 돌파하면 매수 시점. 주가가 5일과 20일 이동평균선을 차례로 돌파한 후 5일 이동평균선이 상승으로 전환되면 적극 매수한다.

2. 하락 전환: 상승하던 주가가 5일 이동평균선을 하향 돌파하면 매도 시점. 주가가 5일, 20일 이동평균선을 차례로 돌파하고 5일 이동평균선이 하락으로 전환되면 적극 매도한다.

3. 횡보 국면: 이동평균선이 횡보하고 있는 상태에서 주가가 상승하면 매수, 주가가 하락하면 매도한다.

쪽박을 면하는
손절매 방법

손절매란 주가가 더욱 하락할 것으로 예상되어 단기간에 가격이 상승하지 않을 경우 보유하고 있는 주식을 손해를 감수하고 매입 가격 이하로 파는 것을 말한다. 즉 손절매는 손실을 최소화하기 위해 하는 것이다.

그렇다면 손절매는 왜 중요할까?

손절매는 정말 어려운 것이다. 그래서 손절매를 잘해야 주식투자를 잘하는 것이라고 말하는 사람도 있다. 때로는 주식시장에서 살아남으려면 손절매를 잘해야 한다고 한다.

주식시장에서는 좋은 소문과 나쁜 소문들이 많이 나오는데, 그런

말들을 절대 귀담아 듣지 말고 맹신해서는 안 된다. 종목을 선정하고 매수하여 수익을 실현하는 것도 자신만의 원칙과 기준을 정하는 것처럼 손절매의 기준도 스스로 정해야 한다. 자신만의 손절매 기준을 정해 감정에 휘둘리지 않고 원칙대로 과감히 손절매할 수 있어야 한다.

손절매의 기준을 정하는 방법에는 개인에 따라 다양하겠지만 일반적으로 자신이 감당할 수 있는 손실 정도를 정한 후 몇 % 하락하면 손절매하겠다는 손절라인을 정한다. 예를 들어 3% 하락하면 손절매한다는 원칙을 세웠다면 감정적으로 대응하지 말고 원칙대로 손절매한다.

손실 구간(3~20% 사이의 하락률)을 정해 그 범위를 벗어나거나, 매수가격보다 10% 하락할 경우 그리고 5일 이동평균선을 하향 돌파하는 시점을 손절매하는 기준으로 정할 수도 있다. 손실을 줄이기 위해 '기다리면 오르겠지'라는 생각은 손실을 더 키운다는 것을 명심하자.

주식은 '타이밍의 예술'이라고 한다. 때문에 손절매도 타이밍을 잘 잡아야 한다. 스스로 손절매의 기준을 정했다면 망설임 없이 과감하게 실천해야 한다.

그럼 손절매는 언제 해야 할까? 예를 들어 내가 보유하고 있는 종목이 고점에서 꺾이거나 횡보하다가 상승한 후 꺾이는 경우가 있다. 주가가 하락할 것으로 예상되는데, 이때 언제 손절매를 해야 할까? 상황에 대처하는 능력을 키우기 위해 과감하게 손절매하는 방법을 차트를 보면서 살펴보자.

주가가 하락하면서 음봉이 연속으로 3개 나올 때

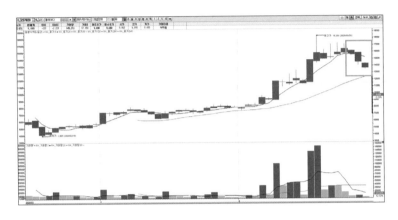

그림 4-10 플레이디

플레이디 차트를 보면 상승하던 주가가 양봉 이후 음봉이 나왔다. 이때까지는 긴가민가하다. 다음 날 만약 양봉이 나온다면 보유를 고려할 수도 있다. 하지만 음봉으로 떨어졌다. 이때가 손절매 시점이다.

5일 이동평균선을 하향 돌파하는 시점

〈그림 4-11〉의 에이프로젠제약 차트를 보면 횡보하던 주식이 거래량도 많아지면서 양봉으로 섰다. 하지만 이후 음봉으로 쭉 빠지며 5일 이동평균선을 깼다. 이때가 손절매할 자리다.

〈그림 4-12〉의 티플랙스의 차트를 보면 꼬리가 달린 양봉이 나오면 일단 조정을 받을 시기라고 생각할 수 있다.

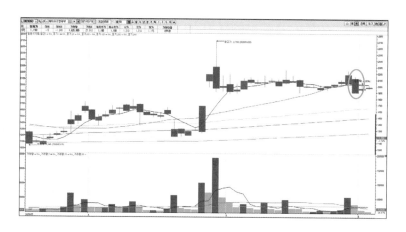

그림 4-11 에이프로젠제약

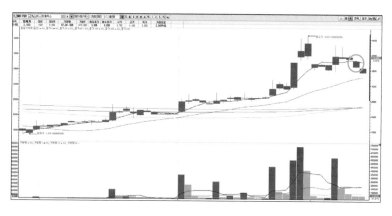

그림 4-12 티플랙스

이후 윗꼬리가 달린 양봉이 나오고 다음 날 음봉이 나오는 모습을 보면서 상승을 위한 준비를 한다고 생각할 수 있으나, 다음 날 음봉이 나오며 5일 이동평균선을 깼다. 이때가 손절매할 자리다.

주가가 방향을 바꿔 하락할 경우

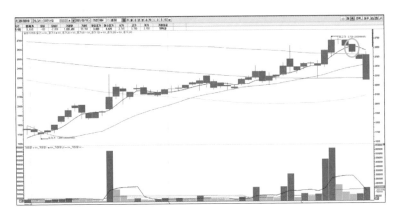

그림 4-13 아진산업

아진산업 차트를 보면 거래량이 실린 양봉이 나온 후 십자봉이 나왔다. 이후 양봉으로 서야 주가가 상승할 수 있다. 이 십자 캔들을 보고 상승 여력이 있을 것으로 생각하지만, 다음 날 음봉으로 떨어졌다. 이때까지도 잠시 보유할 수는 있다. 그러나 다음 날 5일 이동평균선을 깨고 음봉이 나온다면, 이때가 손절매 자리다. 즉 주가가 갈 수 있는 자리임에도 상승하지 못한다면 그때 과감히 손절매를 해줘야 한다.

단기 급등하는 주식이 5일 이동평균선을 깬다면 그때 매도하는 것이 원칙이다. 하지만 손절매는 일정 가격대를 정해놓는 것보다 상승할 자리에서 상승하지 못하고 하락한다면 그때 손절매를 해주는 것이 좋다.

물타기 해도 될까?

분할 매수와 물타기는 다르다. 주가가 상승하는 종목을 매매할 때는 물타기가 어느 정도 효과가 있을지 모르나 주가가 하락하고 있는 상태에서는 물타기를 해서는 안 된다. 즉 주가가 하향 곡선을 그리고 있다면 절대로 물타기를 해서는 안 된다. 만약 하향 곡선에서 물타기를 한다면 고점 대비 100% 빠진 상태에서는 고려해볼 수 있다. 하지만 하향 곡선에서는 물타기를 하지 말고, 반드시 손절매를 해야 한다.

물타기는 이익보다는 손실을 줄이기 위해서 하는 것이기 때문에 이 점을 명심해야 한다.

그림 4-14 셀트리온헬스케어

셀트리온헬스케어 주봉 차트를 보자. 상승하던 주가가 꼭지에서 꺾였다면 어디가 저점인지를 모른 채 물타기를 해서는 안 된다. 계속해서 주가가 하락하기 때문에 저점이 어디인지 알 수 없다. 주가가 하향 곡선으로 접어들었다가 a 저점 대비 b의 저점이 높아졌다. 이때는 주가가 상승 트렌드로 접어들었다는 의미다. 하지만 하향 곡선으로 접어드는 C에서는 절대로 물타기를 해서는 안 된다. 하향 곡선으로 접어들었다면 손절매로 대응하는 것이 좋다. 여기서 중요한 것은 5주 이동평균선이 20주 이동평균선을 깰 때는 주식을 매수해서는 안 된다는 것이다.

강력한 매수 포인트: 20일 이동평균선을 돌파하는 시점

주식투자를 할 때 손실을 입었다고 해서 급한 마음으로 마구잡이로 매매를 하다가는 큰 수렁에 빠져들 수 있다. 이럴 때는 여유를 가지고 매매에 임하는 것이 좋다.

많은 투자자가 상한가 따라잡기를 하고 있는데, 이는 솔직히 말해 득보다 실이 더 크다. 상한가 따라잡기를 할 때는 꼭 확인해야 할 것이 있다. 3시를 넘어 상한가로 간 종목이 평상시에는 1,000만 주 정도 거래되었다면 최소한 상한가가 되었을 때 거래 잔량이 5% 이상 쌓여 있어야만 안심할 수 있다.

상한가가 갑자기 풀릴 때는 호가창에서 2호가 아래로 준비해두고 상한가 풀림과 동시에 매도하는 것이 좋다. 즉 3시 이후에 상한가가 풀릴 때 주의해야 한다는 것이다.

이보다는 종목을 발굴할 때 재료가 좋은 종목 중 고점에서 상당히 하락한 후 어느 정도 횡보하다가 5일 이동평균선이 20일 이동평균선을 돌파하는 동시에 거래량이 급증하고, 다음 날 눌림목을 형성한 종목을 매매해야 큰 수익을 얻을 수 있다.

즉 고점에서 꺾여 다시 한번 상승을 준비하는 종목 중에서 5일 이동평균선이 20일 이동평균선을 상향 돌파하는 시점이 바로 매수 포인트가 되는 것이다.

그럼 차트를 보면서 몇 가지 패턴을 살펴보도록 하자.

20일 이동평균선을 뚫고 거래량이 실릴 때

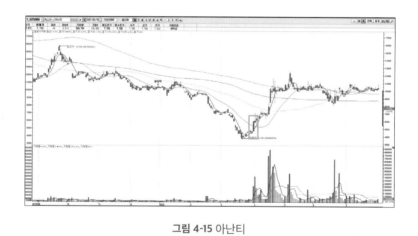

그림 4-15 아난티

아난티 차트를 보면 주가가 20일 이동평균선을 강력하게 뚫을 때 거래량이 실리는 것을 볼 수 있다. 주가가 하락하다가 20일 이동 평균선을 뚫고 강력한 거래량이 터지면서 주가가 상승하고 있다.

　20일 이동평균선을 돌파하면서 거래량이 실리는 시점이 매수 포인트이다.

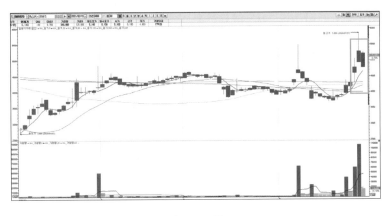

그림 4-16 모헨즈

　모헨즈 차트를 보면 주가가 20일 이동평균선을 돌파하면서 거래량이 실리는 것을 볼 수 있다. 이때 다음 날 거래량이 살짝 죽으며 음봉으로 서는 것이 좋다.

　이런 패턴의 종목들은 다음 날 주가가 상승한다. 때문에 20일 이동평균선 부근에서 주가의 흐름을 유심히 살펴봐야 한다.

20일 이동평균선을 돌파한 후
거래량이 살짝 죽을 때

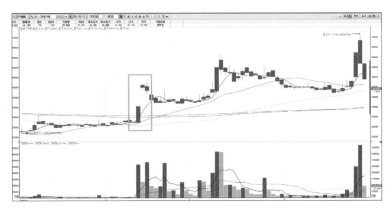

그림 4-17 제일약품

제일약품을 보면 주가가 20일 이동평균선을 돌파하면서 거래량
이 살짝 빠지며 양봉이 나왔다. 하지만 이때 음봉이 나오면 더 좋다.

20일 이동평균선을 돌파한 후 거래량이 살짝 죽은 음봉이 나오
면 다음 날 주가가 상승하는 패턴으로 볼 수 있다.

〈그림 4-18〉의 유한양행 차트를 보면 주가가 20일 이동평균선
을 살짝 넘기며 거래량이 살짝 줄었다. 이때가 주가가 상승을 준비
하는 단계이다.

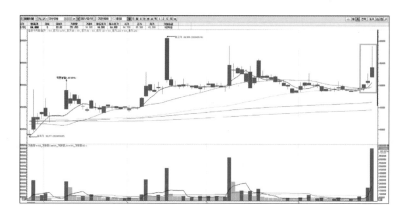

그림 4-18 유한양행

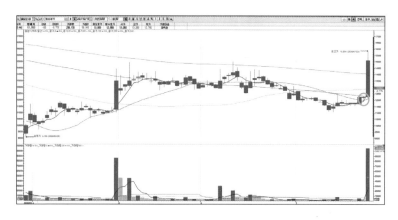

그림 4-19 동성제약

동성제약 차트를 보면 주가가 20일 이동평균선을 돌파한 후 거래량이 살짝 죽은 음봉이 나오고 다음 날 주가가 상승하는 것을 볼 수 있다.

이처럼 주가가 많이 올랐다가 하락한 후 20일 이동평균선 밑에

서 조정을 받으며 횡보하다가 20일 이동평균선을 돌파하거나 돌
파한 후 거래량이 살짝 죽은 음봉이 나오는 종목들을 찾는다면 큰
수익을 얻을 수 있다.

그림 4-20 한솔테크닉스

한솔테크닉스를 보면 주가가 상승하다가 하락한 후 다시 상승하
면서 20일 이동평균선을 회복했다. 그리고 음봉으로 거래량이 살짝
죽은 후 주가가 상승하는 것을 볼 수 있다.

이런 종목을 예의주시해야 한다.

그림 4-21 티플랙스

    티플랙스 차트에서 보는 것처럼 주가가 20일 이동평균선을 강력하게 뚫으면서 거래량이 실리는 종목들도 유심히 봐야 한다.

거래량이 실리는 음봉이 나올 경우

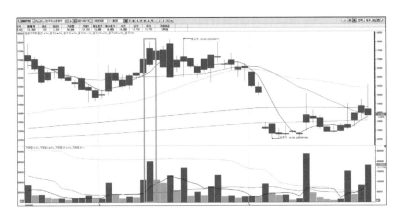

그림 4-22 한국유니온제약

한국유니온제약의 차트를 보면 역시 20일 이동평균선을 돌파하면서 거래량이 증가했다. 그런데 거래량이 실리며 음봉이 나왔다는 것은 모양새가 좋지 않다. 이런 패턴을 보일 경우 다음 날 음봉이 나오며 20일 이동평균선이 깨지면 손절매하는 것이 좋다.

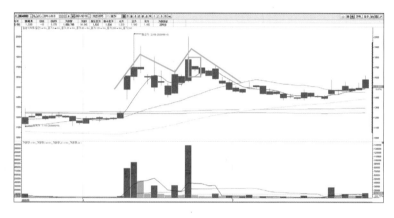

4-23 젬백스링크

젬백스링크는 20일 이동평균선을 돌파한 후 거래량이 실리고, 살짝 음봉으로 조정을 받았다. 하지만 쌍봉을 형성하면서 주가는 하락 추세로 접어들었음을 볼 수 있다. 주가가 상승하려면 20일 이동평균선을 돌파할 때 거래량이 좀 더 크게 실려야 한다.

이런 패턴은 이후 주가가 상승하지 않을 수 있기 때문에 주의해서 볼 필요가 있다.

다시 한번 말하면 주가가 20일 이동평균선을 돌파하며 거래량이 상당히 실린 다음 음봉으로 살짝 조정을 받는 종목들을 매매하는 것이 안전하고 큰 수익이 날 수 있다. 주가가 상승하면서 거래량이 증가하는 종목들은 일단 목록에 넣어두고, 주가가 상승하다가 하락한 후 다시 20일 이동평균선을 돌파하려는 종목들을 선정한다면 안전하게 매매할 수 있다.

단기로 30%의
수익이 가능하다!

주식투자에서 매수/매도 시점을 잘 잡아야 한다는 것은 아무리 강조해도 지나치지 않다. 모든 투자자가 언제 들어가고 언제 나와야 하는지를 파악하기 위해 많은 노력을 하고 있다. 하지만 어떤 준비도 없이 주식시장에 뛰어든 일반투자자들은 언제 매수해야 하는지 감을 잡지 못한다.

지금 오르고 있는 주가를 보며 더 오를 것이라는 생각으로 뛰어들어서는 안 된다. 즉 빨간불이 났을 때 따라 들어가면 90%는 실패한다. 매수 시점을 잡을 때도 기술적 분석을 통해 기본적인 원칙을 만들어야 한다.

거래량이 빠진 십자형 캔들이 나올 때

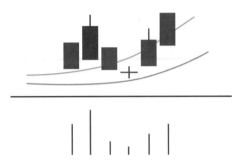

단기 캔들 모양에서 수익을 창출할 수 있는 가장 좋은 패턴은 거래량이 빠진 십자(+) 모양이다. 이 십자가 모양이 굉장히 중요한 급소이다. 일단 주가가 올라가다가 양봉으로 세우고, 다음 날 아침 시초가가 높이 형성된 후 거래량이 많이 실린 음봉이 나온 후 거래량이 줄어들며 십자 캔들이 나왔다.

이때 대부분 불안해서 매수하지 못한다.

십자가 캔들이 나오고 아주 적은 거래량이 실린 후 다시 양봉이 나오는 패턴을 보인다. 결국 이 십자 캔들이 급소가 되는 것이다. 즉 다시 상승하기 위해 힘을 모으는 구간으로 이처럼 거래량이 줄어든 십자가 모양을 기억해야 한다.

차트를 보면서 다시 한번 살펴보자.

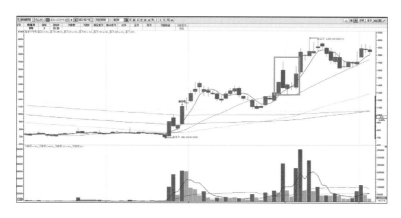

그림 4-24 포비스티앤씨

포비스티앤씨의 차트에서 네모 박스 부분을 보자. 양봉이 나온 후 다음 날 음봉으로 거래량이 실렸다. 그리고 거래량이 바닥이 됐을 때 십자가 모양이 나타났다. 이후 거래량이 실린 양봉이 나타나면서 주가가 상승하고 있다.

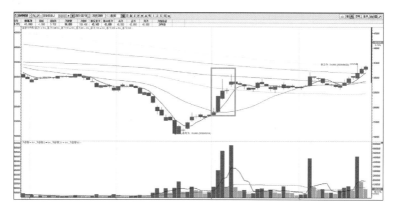

그림 4-25 미래컴퍼니

〈그림 4-25〉의 미래컴퍼니 차트를 보면 거래량이 실린 양봉이 나오고 이후 거래량이 죽은 십자가 캔들이 나온 후 윗꼬리가 달린 양봉이 나오면서 주가가 상승하는 것을 볼 수 있다. 이때도 거래량이 증가하면서 주가가 상승하고 있다.

장기 이동평균선으로 매도하는 법

장기적으로 주식을 보유하고 있는 투자자들을 위해 장기 이동평균선을 이용해 매도하는 법에 대해 살펴보도록 하자.

그림 4-26 현대차

현대차 월봉 차트를 보면 주가가 장기적으로 상승하다 하락하고 있다. 여기서 중요하게 봐야 하는 것이 20주 이동평균선이다. 20주 이동평균선은 20개월 평균 추세선을 말한다. 차트에서 보면 1에서 매수하고, 2에서 매도하면 된다. 즉 20주 이동평균선을 돌파하는 시점에 매수하고, 20주 이동평균선 아래로 내려가는 시점에 매도하는 것이다.

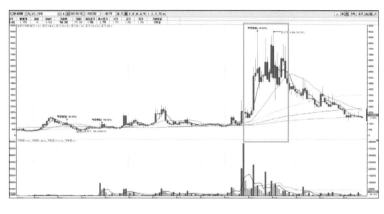

그림 4-27 광림

광림 월봉 차트를 보면 완전히 바닥에서 횡보하다가 거래량이 실리며 주가가 상승하고 있다. 이처럼 매수세가 들어오는 것을 확인한 후 매수한다면 높은 수익을 낼 수 있다.

주식을 매매할 때 주의해야 할 사항 6가지

주식을 매매할 때는 다음 6가지 사항만 기억하고 있어도 잃지 않는 투자를 할 수 있다.

1. 오후 시간에 갑자기 상승하면서 상승 VI가 발동되면 무조건 매도로 대응한다.

2. 아침부터 계단식으로 상승한 종목이 2시 이후에 상승 VI가 발동되면 호가창을 보면서 판단해야 한다. 호가창에서 VI가 걸렸을 때의 가격보다 2~3호가 이상에서 시작되면 매도를 보류하고, 상승 시 거래가 터졌을 때 1차 분할매도, 즉 절반 정도만 매도로 대응하는 것이 좋다.

3. 어느 종목이 전날 시간외종가에서 상한가로 마감되었다면 최소한 그 종목의 시초가는 10% 이상 상승해야 한다. 다음 날 시초가가 2~3% 정도에서 시작한다면 매도로 대응해야 한다.

4. 아침 장 시작 전에 허매수를 주의해야 한다. 50만~100만 주 이상 쌓아놓는 것은 허매수로 봐야 한다. 전날 상한가로 대형 호재를 터트리면서 상승한 종목이 다음 날 아침 허매수를 잔뜩 쌓아놓고 장 시작과 동시에 매도로 돌변해버리는 경우가 있다. 이처럼 어떠한 경우에도 혼자만의 판단으로 시초가 매수를 하지 말고, 관심 종목을 최소 5분 정도 지켜본 뒤 매매에 대응하는 것이 좋다.

5. 초단기 매매를 할 때는 오전 장 시작 5분 후부터 매수한다. 매수 종목을 고를 때는 최소한 하루에서 이틀 정도는 지켜본 뒤 매수하는 것이 좋다.

6. 중소형주를 제외한 거래소 종목을 매매할 때는 반드시 외국인과 기관투자자들의 투자 주체별 매매 현황을 봐야 한다. 외국인과 연기금, 투신 이 세 기관이 최소한 연속 3일 매수한 종목을 고르는 것이 좋다.

대박난 박약사의
주식 처방 3

예측 불가능한 시장에서
대박 나는 종목 찾아내는 비법

주식투자를 할 때 손실을 입었다고 해서 급한 마음으로 마구잡이로 매매하는 경우가 있다. 또 투자를 하다 보면 피로가 겹쳐 하루가 일주일같이 느껴질 때도 있다. 이럴 때 매매한다면 큰 수렁으로 빠질 수 있다. 때문에 여유를 가지고 주식 매매에 임하는 것이 성공 투자의 비결이다.

주식투자자들의 고민은 거의 대부분 '수많은 주식 종목 중에서 어떤 종목을 어떻게 선별해야 할까'일 것이다.

　주식투자자들은 개개인의 취향에 맞게 주식을 매매하고 있지만, 2,000개가 넘는 종목을 하나하나 모두 볼 수 없다. 때문에 필자는 일단 코스닥, 거래소 모든 종목을 입력한 후 한 칸당 200개씩 들어가는 관심종목란에 전부 포함시킨다.

　다음으로 거래량을 클릭하여 거래량이 많은 순서를 확인한 후 20만 주 미만은 제외한다. 그리고 가격을 클릭한 후 1,000원 미만 종목도 제외한다.

　이렇게 하면 1,000종목 이내로 압축되는데, 동일한 방법으로 1,000종목을 하루하루 정리해나간다. 매일 거래소와 코스닥에서 20만 주 미만으로 거래되는 종목을 제외시켜 나가면 800개 정도로 압축되고, 그중에서 100가지 종목을 관심종목란에 넣고 추적해간다.

십자봉 찾아내는 방법

　조건검색 → 종목검색 → 시세분석 → 가격 → 캔들 연속 발생(연속 음봉 3개 발생) → 확인 키를 누르면 종목이 뜬다. 그 종목을 관심종목에 편입시켜 정리한다. 그리고 나서 3시 정도에 십자봉을 찾아낸다. 이렇게 하면 200여 가지 종목 중에서 20개 종목으로 압축된다.

둥둥섬 찾아내는 방법

조건검색 → 종목검색 → '갭'을 검색 → 갭 하락을 선택한 후 이 것 또한 관심종목에 넣어서 둥둥섬을 찾아낸다. 단 둥둥섬은 전날 미리 찾아본다.

5일 이동평균선이 60일 이동평균선을 돌파하는 종목

5일 이동평균선이 60일 이동평균선을 돌파하는 종목 중에서 큰 시세가 나는 것이 많다. 전날 차트를 보면서 양봉을 만들면서 상승 하는 종목을 주시해서 매매에 임한다. 즉 5일 이동평균선이 60일 이 동평균선을 돌파하는 시점에서 상당한 수익으로 이어지는 경우가 많다.

돈 버는 차트
돈 잃는 차트

돈 버는 차트

보고만 있어도 즐겁다.

바닥에서 1,000만 원을 투자했다면 이런 차트에서 1억 원을 만들 수 있다.

좋은 차트를 많이 봐야 급등주를 잘 찾을 수 있다.

매일 반복해서 보면서 급등주 찾는 훈련을 하는 것이 좋다.

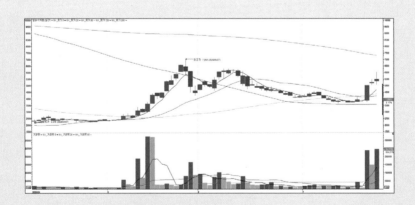

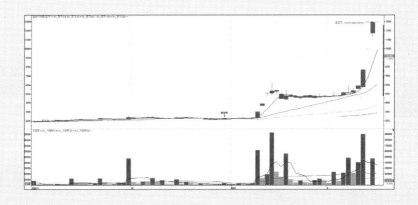

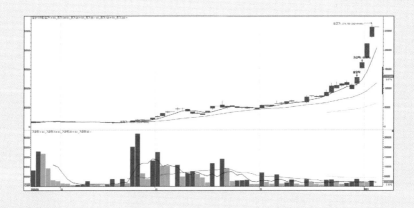

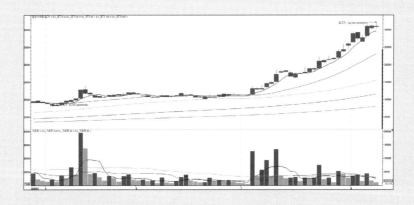

부록. 돈 버는 차트, 돈 잃는 차트

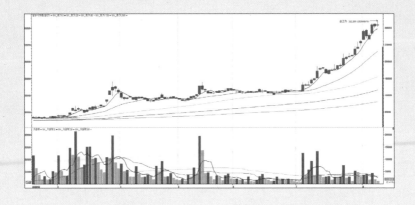

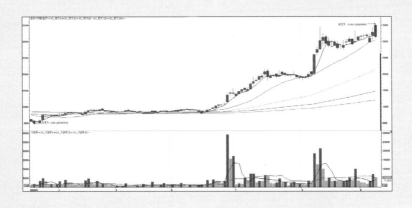

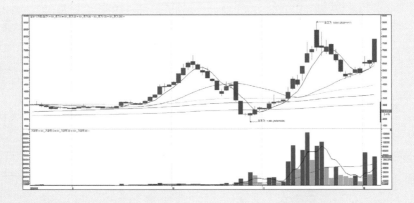

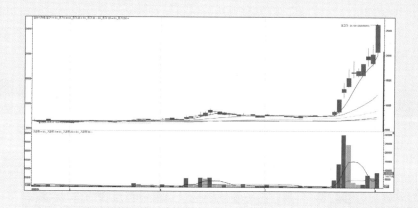

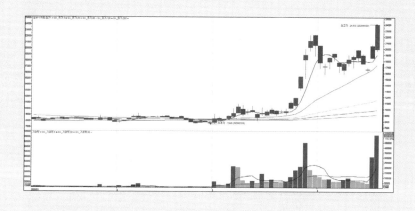

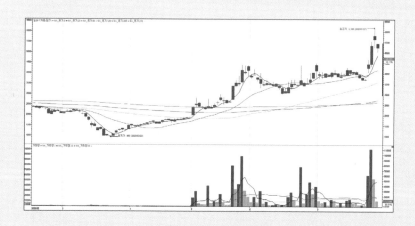

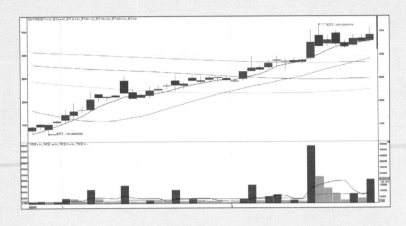

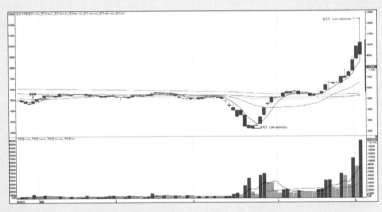

돈 잃는 차트

이런 차트 패턴에서 1,000만 원을 투자했다가는 100만 원이 된다.
돈을 잃는 사람들은 이런 차트에서 투자한다.
돈 되는 차트의 역배열 차트는 매매하지 말자.

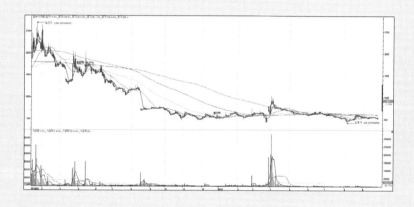

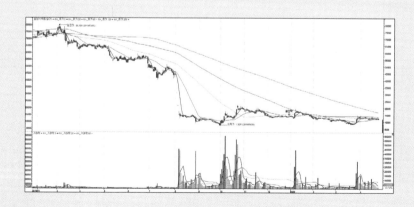

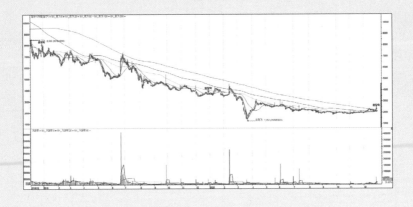

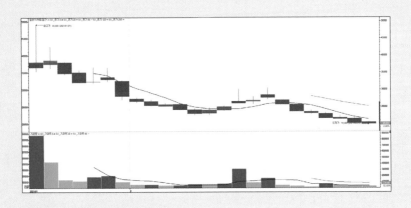

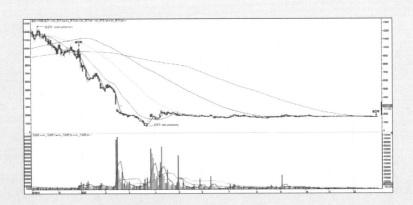

280

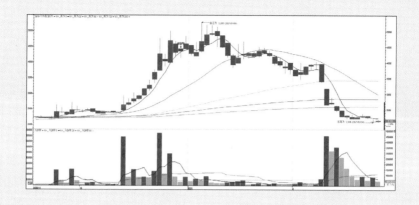

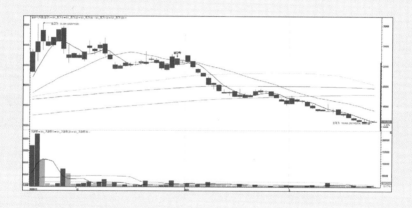

부록. 돈 버는 차트, 돈 잃는 차트

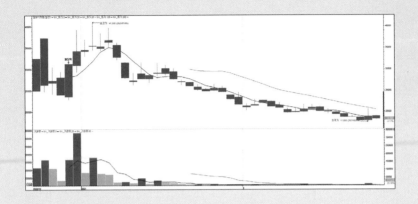

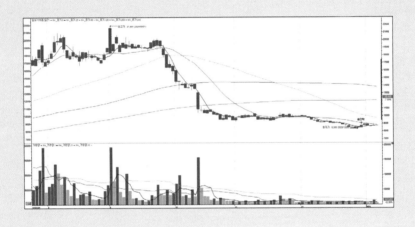

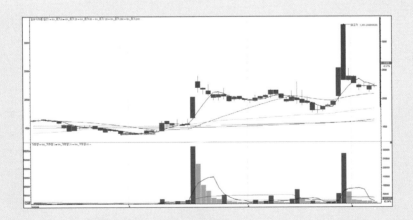

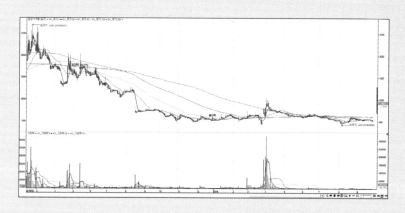

대박난 박약사의 실전 투자

초판 1쇄 발행　　2021년 4월 30일
초판 2쇄 발행　　2021년 6월 24일

지은이 박종기

펴낸곳 (주)이레미디어
전화 031-908-8516(편집부), 031-919-8511(주문 및 관리) | **팩스** 0303-0515-8907
주소 경기도 파주시 회동길 219, 사무동 4층
홈페이지 www.iremedia.co.kr | **이메일** ireme@iremedia.co.kr
등록 제396-2004-35호

편집 정은아, 심미정, 정슬기 | **디자인** 이유진 | **마케팅** 최민용
재무총괄 이종미 | **경영지원** 김지선

ISBN 979-11-91328-14-1 (03320)

·가격은 뒤표지에 있습니다.
·잘못된 책은 구입하신 서점에서 교환해드립니다.
·이 책은 투자 참고용이며, 투자 손실에 대해서는 법적 책임을 지지 않습니다.

당신의 소중한 원고를 기다립니다. ireme@iremedia.co.kr